DISCLAIMER

The author and publisher are providing this book and its contents on an "as is" basis and make no representations or warranties of any kind with respect to this book or its contents. The author and publisher disclaim all such representations and warranties, including but not limited to warranties of merchantability. In addition, the author and publisher do not represent or warrant that the information accessible via this book is accurate, complete, or current.

Except as specifically stated in this book, neither the author nor publisher, nor any authors, contributors, or other representatives will be liable for damages arising out of or in connection with the use of this book. This is a comprehensive limitation of liability that applies to all damages of any kind, including (without limitation) compensatory; direct, indirect, or consequential damages; loss of data, income, or profit; loss of or damage to property; and claims of third parties.

BESTACTIVITYBOOKS.COM

FIRST EDITION - Published 2022

Extra Graphic Material From: www.freepik.com
Thanks to: Alekksall, Starline, Pch.vector, Rawpixel.com, Vectorpocket, Dgim-studio, Upklyak, Macrovector, Stockgiu, Pikisuperstar & Freepik.com Designers

GET
YOUR
BONUS
FREE
CODE: WSBONUS20

5 TIPS TO START!

1) HOW TO SOLVE

The Puzzles are in a Classic Format:

- Words are hidden without breaks (no spaces, dashes, ...)
- Orientation: Forward & Backward, Up & Down or in Diagonal (can be in both directions)
- Words can overlap or cross each other

2) ACTIVE LEARNING

To encourage learning actively, a space is provided next to each word to write down the translation. The **DICTIONARY** allows you to verify and expand your knowledge. You can look up and write down each translation, find the words in the Puzzle then add them to your vocabulary!

3) TAG YOUR WORDS

Have you tried using a tag system? For example, you could mark the words which have been difficult to find with a cross, the ones you loved with a star, new words with a triangle, rare words with a diamond and so on...

4) ORGANIZE YOUR LEARNING

We also offer a convenient **NOTEBOOK** at the end of this edition. Whether on vacation, travelling or at home, you can easily organize your new knowledge without needing a second notebook!

5) FINISHED?

Go to the bonus section: **MONSTER CHALLENGE** to find a free game offered at the end of this edition!

Want more fun and learning activities? It's Fast and Simple!
An entire Game Book Collection just one click away!

Find your next challenge at:

BestActivityBooks.com/MyNextWordSearch

Ready, Set... Go!

Did you know there are around 7,000 different languages in the world? Words are precious.

We love languages and have been working hard to make the highest quality books for you. Our ingredients?

A selection of indispensable learning themes, three big slices of fun, then we add a spoonful of difficult words and a pinch of rare ones. We serve them up with care and a maximum of delight so you can solve the best word games and have fun learning!

Your feedback is essential. You can be an active participant in the success of this book by leaving us a review. Tell us what you liked most in this edition!

Here is a short link which will take you to your order page.

<u>BestBooksActivity.com/Review50</u>

Thanks for your help and enjoy the Game!

Linguas Classics Team

1 - Antiques

K	B	J	P	Q	K	R	I	R	B	R	N	T	V	T	Y
K	O	L	E	K	C	J	O	N	E	R	I	D	M	K	L
V	U	Y	A	O	Y	S	Z	A	I	R	E	L	A	G	F
G	D	T	B	U	N	F	V	B	H	V	Z	B	I	X	A
M	J	S	Ź	G	J	E	T	A	M	M	W	I	R	Q	L
M	O	N	E	T	Y	L	E	H	Y	W	Y	V	E	S	R
K	U	D	Z	A	C	E	A	H	S	G	K	K	T	U	I
O	S	V	R	B	A	G	W	U	N	Y	Ł	R	U	J	N
W	Ć	Ś	O	T	R	A	W	R	K	F	Y	S	Ż	A	W
J	E	Q	G	Ł	O	N	K	W	I	C	N	Y	I	K	E
I	L	V	Ł	O	K	C	Y	U	V	Q	J	D	B	O	S
V	S	O	D	K	E	K	E	A	T	F	I	A	S	Ś	T
Ł	S	A	A	A	D	I	A	V	G	Z	B	K	T	Ć	Y
A	U	T	E	N	T	Y	C	Z	N	Y	S	E	A	X	C
S	T	U	L	E	C	I	E	G	M	A	Y	D	R	W	J
X	M	Z	Y	C	M	E	B	L	E	Z	S	F	Y	G	A

SZTUKA
AUKCJA
AUTENTYCZNY
STULECIE
MONETY
KOLEKCJONER
DEKADY
DEKORACYJNY
ELEGANCKI
MEBLE

GALERIA
INWESTYCJA
BIŻUTERIA
STARY
CENA
JAKOŚĆ
RZEŹBA
STYL
NIEZWYKŁY
WARTOŚĆ

2 - Food #1

A	L	D	B	M	L	Q	S	O	T	B	T	I	E	S	B
A	V	U	S	A	N	Y	R	T	Y	C	K	S	Z	A	A
N	C	D	I	R	T	U	Ń	C	Z	Y	K	Ó	A	Ł	Z
Z	R	E	M	C	E	C	W	C	D	O	J	L	V	A	Y
X	U	T	G	H	D	I	Y	M	O	R	E	L	A	T	L
U	L	P	P	E	Q	A	K	N	C	Z	L	H	K	K	I
P	U	I	A	W	R	P	V	U	A	X	O	B	W	A	A
A	A	Q	O	K	E	L	M	Ł	C	M	J	R	A	L	P
D	I	H	C	A	R	A	X	H	T	P	O	U	K	U	E
S	Z	P	I	N	A	K	I	M	R	C	U	N	S	B	Z
F	I	W	K	M	R	E	D	Q	U	Q	W	S	U	E	R
X	S	K	Q	B	N	N	C	K	I	S	E	J	R	C	X
K	Q	T	G	B	D	S	N	S	H	T	Q	K	T	X	E
T	I	D	S	P	X	O	J	Ę	C	Z	M	I	E	Ń	Q
M	J	D	O	A	F	Z	M	Ł	D	Ł	W	N	B	U	M
I	W	P	K	P	Z	C	Q	G	R	U	S	Z	K	A	P

MORELA
JĘCZMIEŃ
BAZYLIA
MARCHEWKA
CYNAMON
CZOSNEK
SOK
CYTRYNA
MLEKO
CEBULA
ARACHID
GRUSZKA
SAŁATKA
SÓL
ZUPA
SZPINAK
TRUSKAWKA
CUKIER
TUŃCZYK
RZEPA

3 - Measurements

D	C	Ń	Q	Ł	W	A	G	A	W	A	N	E	C	L	B
Ł	I	E	Z	J	R	T	E	M	O	L	I	K	A	V	O
U	F	I	N	R	J	U	A	Y	L	P	J	H	L	G	H
G	W	P	W	T	U	N	C	J	A	O	V	B	D	P	H
O	R	O	T	I	Y	I	D	G	I	B	S	K	A	C	S
Ś	A	T	S	L	G	M	I	R	B	J	B	I	U	J	E
Ć	Y	S	L	L	R	M	E	P	N	Ę	P	L	K	G	T
T	E	P	E	D	A	C	A	T	N	T	G	O	W	S	E
H	Q	S	G	J	M	C	Ł	S	R	O	Ł	G	Y	Z	O
M	S	R	W	K	E	Z	U	D	A	Ś	Ę	R	S	E	K
D	Z	I	E	S	I	Ę	T	N	Y	Ć	B	A	O	R	X
U	H	V	T	O	N	A	M	E	T	R	O	M	K	O	R
A	O	R	J	U	A	A	S	W	K	U	K	U	O	K	H
Ł	O	C	L	D	Q	Z	Y	J	Y	Ł	O	N	Ś	O	O
Y	E	Y	R	G	R	H	E	G	L	K	Ś	T	Ć	Ś	M
Ł	N	V	Q	K	S	T	N	T	U	F	Ć	B	B	Ć	Q

BAJT
CENTYMETR
DZIESIĘTNY
STOPIEŃ
GŁĘBOKOŚĆ
GRAM
WYSOKOŚĆ
CAL
KILOGRAM
KILOMETR
DŁUGOŚĆ
LITR
MASA
METR
MINUTA
UNCJA
TONA
OBJĘTOŚĆ
WAGA
SZEROKOŚĆ

4 - Farm #2

J	Ż	Ł	W	P	Q	J	Ł	W	X	Z	F	Q	U	D	Y
R	Y	Ą	X	A	X	I	C	U	T	W	N	O	P	L	Ł
W	W	K	H	Ł	R	S	K	Ń	E	I	M	Z	C	Ę	J
I	N	A	F	O	L	Z	W	Ł	C	E	P	T	M	C	I
A	O	O	A	D	A	S	Y	D	W	R	Z	J	M	Y	N
T	Ś	R	W	O	R	C	O	W	O	Z	L	A	M	A	A
R	Ć	F	A	T	Y	C	X	V	O	Ą	N	Q	D	P	W
A	N	U	I	S	T	E	A	T	O	T	T	T	I	Ł	A
K	G	J	H	K	U	K	U	R	Y	D	Z	A	E	U	D
C	P	S	Z	E	N	I	C	A	J	S	E	Q	U	W	N
C	I	R	O	L	N	I	K	K	N	A	B	Ł	A	B	I
Y	Ł	Ą	M	L	E	K	O	A	Ł	Y	G	E	Z	J	A
R	Z	M	G	Y	U	U	P	C	X	Z	G	N	Y	Y	N
H	Y	S	N	N	Y	R	A	Z	Y	S	N	F	I	J	I
Ł	V	Q	S	P	I	P	M	K	H	M	V	O	K	Ę	E
Ę	J	T	Ł	K	B	K	P	A	P	A	S	T	E	R	Z

ZWIERZĄT
JĘCZMIEŃ
STODOŁA
KUKURYDZA
KACZKA
ROLNIK
ŻYWNOŚĆ
OWOC
NAWADNIANIE
JAGNIĘ
LAMA
ŁĄKA
MLEKO
SAD
OWCE
PASTERZ
CIĄGNIK
WARZYWO
PSZENICA
WIATRAK

5 - Books

W	I	C	P	L	X	Z	T	B	N	H	M	H	K	Q	I
K	Y	N	M	E	S	I	P	U	A	N	O	R	T	S	S
O	I	N	U	Y	N	Z	C	Y	R	O	T	S	I	H	T
L	Y	V	A	Y	Ł	B	A	F	R	F	T	N	F	L	O
E	A	E	Y	L	K	Q	Y	P	A	O	Ł	L	P	I	T
K	I	U	F	W	A	I	L	K	T	A	Z	E	O	T	N
C	R	C	T	B	B	Z	N	Ł	O	S	W	P	W	E	E
J	O	O	O	O	E	C	C	L	R	K	G	I	I	R	T
A	T	O	V	X	R	A	J	Z	E	O	P	C	E	A	R
Z	S	R	E	I	W	W	S	T	Y	T	Y	K	Ś	C	A
L	I	N	Z	J	B	M	D	B	S	N	Y	I	Ć	K	G
A	H	G	W	R	A	L	D	U	A	L	I	Z	M	I	I
P	R	Z	Y	G	O	D	A	P	A	W	Z	T	C	R	C
K	O	N	T	E	K	S	T	Z	K	P	E	X	D	Ł	Z
H	U	M	O	R	Y	S	T	Y	C	Z	N	Y	N	Ł	N
Z	T	T	Q	H	P	F	D	H	R	Q	B	D	N	D	Y

PRZYGODA
AUTOR
KOLEKCJA
KONTEKST
DUALIZM
EPICKI
HISTORYCZNY
HUMORYSTYCZNY
WYNALAZCZY
LITERACKI
NARRATOR
POWIEŚĆ
STRONA
WIERSZ
POEZJA
CZYTELNIK
ISTOTNE
HISTORIA
TRAGICZNY
PISEMNY

6 - Meditation

W	N	P	D	Y	R	Q	S	H	O	N	J	Ó	K	O	P
E	M	O	C	J	E	M	L	P	I	Ł	V	I	O	L	R
X	U	T	H	C	A	V	N	K	O	I	V	X	B	Z	Z
Ż	Y	C	Z	L	I	W	O	Ś	Ć	K	R	E	U	J	E
U	G	S	R	C	I	S	Z	A	M	Y	Ó	C	D	X	J
K	X	N	D	U	T	E	U	U	Y	W	P	J	Z	K	R
L	P	G	Ł	R	C	W	W	R	Ś	A	R	Y	I	K	Z
N	A	I	S	G	U	H	A	M	L	N	R	X	Ć	Y	Y
B	A	K	Y	Z	U	M	G	B	I	Q	R	G	W	W	S
T	G	T	M	A	Q	V	A	C	S	L	Ł	M	S	O	T
E	I	C	U	Z	C	Ł	Ó	P	S	W	X	A	S	H	O
G	R	J	H	R	K	Z	A	P	M	C	S	S	Y	C	Ś
Z	J	T	F	Q	A	P	R	Z	Y	J	Ę	C	I	E	Ć
P	E	R	S	P	E	K	T	Y	W	A	F	R	H	D	V
P	S	Y	C	H	I	C	Z	N	Y	M	U	R	D	D	A
W	D	Z	I	Ę	C	Z	N	O	Ś	Ć	A	V	B	O	J

PRZYJĘCIE
UWAGA
OBUDZIĆ
ODDECHOWY
SPOKÓJ
PRZEJRZYSTOŚĆ
WSPÓŁCZUCIE
EMOCJE
WDZIĘCZNOŚĆ
NAWYKI
ŻYCZLIWOŚĆ
PSYCHICZNY
UMYSŁ
RUCH
MUZYKA
NATURA
POKÓJ
PERSPEKTYWA
CISZA
MYŚLI

7 - Days and Months

M	A	Z	P	K	Ł	S	S	P	A	M	T	H	A	V	V
I	E	A	D	O	R	Ś	D	I	Ń	E	Z	C	Y	T	S
E	S	S	Z	F	N	S	G	Ń	E	I	C	E	I	W	K
S	L	H	Ł	Z	Q	I	U	X	I	R	F	O	G	P	O
I	P	X	S	R	Y	O	E	E	S	H	P	O	Q	R	R
Ą	I	X	W	A	C	H	I	D	E	D	O	I	R	S	M
C	Ą	T	Y	D	Z	I	E	Ń	Z	J	B	V	E	I	L
K	T	X	O	N	A	O	F	C	R	I	O	A	A	Ń	I
M	E	E	Ł	E	L	M	O	Z	W	W	A	U	O	Ł	S
A	K	K	W	L	H	I	Y	D	Z	J	T	Ł	G	M	T
R	N	J	S	A	Y	V	P	C	E	E	O	I	E	Y	O
S	D	I	D	K	W	C	M	I	P	X	B	T	V	K	P
Z	C	Z	W	A	R	T	E	K	E	R	O	T	W	G	A
N	I	E	D	Z	I	E	L	A	X	C	S	T	T	S	D
P	A	Ź	D	Z	I	E	R	N	I	K	Y	P	R	N	O
L	U	T	Y	I	M	E	A	Z	O	R	Y	L	J	X	B

KWIECIEŃ
SIERPIEŃ
KALENDARZ
LUTY
PIĄTEK
STYCZEŃ
LIPIEC
MARSZ
PONIEDZIAŁEK
MIESIĄC
LISTOPAD
PAŹDZIERNIK
SOBOTA
WRZESIEŃ
NIEDZIELA
CZWARTEK
WTOREK
ŚRODA
TYDZIEŃ
ROK

8 - Energy

Ś	E	S	D	I	E	S	E	L	L	G	S	T	J	J	Ł
R	L	I	W	H	H	K	C	M	C	B	Ł	X	Ą	O	O
O	E	L	T	U	R	B	I	N	A	G	O	X	D	S	X
D	K	N	O	T	O	F	T	O	D	C	Ń	S	R	W	A
O	T	I	P	H	Q	U	P	Ł	O	E	C	Y	O	C	D
W	R	K	R	M	O	H	A	B	C	P	E	J	W	N	L
I	Y	F	Z	J	C	K	R	T	A	I	W	G	Y	G	P
S	C	N	E	R	Ó	D	O	W	P	T	E	M	G	X	Q
K	Z	G	M	I	O	R	W	W	R	V	E	P	Q	S	E
O	N	A	Y	I	A	D	Y	P	I	N	Q	R	Ł	L	A
A	Y	N	S	Z	M	I	Ł	W	I	L	E	W	I	O	K
G	C	Y	Ł	B	Q	Q	B	T	S	K	A	V	O	A	Q
J	K	Z	E	N	T	R	O	P	I	A	W	P	C	H	M
O	Z	N	O	D	N	A	W	I	A	L	N	E	N	R	Z
E	L	E	K	T	R	O	N	W	Ę	G	I	E	L	K	N
M	S	B	F	O	G	L	L	J	W	P	Z	W	L	L	K

BATERIA
WĘGIEL
DIESEL
ELEKTRYCZNY
ELEKTRON
ENTROPIA
ŚRODOWISKO
PALIWO
BENZYNA
CIEPŁO
WODÓR
PRZEMYSŁ
SILNIK
JĄDROWY
FOTON
ODNAWIALNE
PAROWY
SŁOŃCE
TURBINA
WIATR

9 - Archeology

N	S	F	S	U	S	W	J	O	L	R	C	G	L	P	C
O	K	Y	T	N	A	Y	I	K	Y	Y	E	W	T	I	Y
W	A	T	Y	N	A	N	Z	E	I	N	I	R	H	X	W
Q	M	K	C	W	E	I	T	M	L	A	W	Y	H	B	I
K	I	E	O	D	C	K	U	C	X	I	O	M	L	S	L
O	E	I	E	C	Q	I	S	L	V	N	B	E	L	P	I
Ś	N	B	R	Z	E	G	G	P	J	M	O	P	Ł	P	Z
C	I	O	A	R	Y	N	T	Y	Ż	O	R	A	T	S	A
I	A	J	W	N	E	X	A	C	W	P	G	Z	R	H	C
E	Ł	U	M	Y	N	L	S	K	S	A	Ł	I	E	B	J
L	O	Q	Z	W	L	U	I	Q	D	Z	Ł	L	P	P	A
X	Ś	Z	E	S	P	Ó	Ł	K	S	A	Q	A	S	B	O
X	Ć	B	A	D	A	C	Z	O	T	J	G	N	K	I	J
F	B	Ś	W	I	Ą	T	Y	N	I	A	G	A	E	Y	X
I	P	O	T	O	M	E	K	N	G	T	W	X	Z	F	G
O	U	L	V	E	C	L	A	U	I	C	S	Z	J	T	G

ANALIZA
STAROŻYTNY
ANTYK
KOŚCI
CYWILIZACJA
POTOMEK
ERA
OCENA
EKSPERT
WYNIKI
ZAPOMNIANY
SKAMIENIAŁOŚĆ
ZAGADKA
OBIEKTY
RELIKT
BADACZ
ZESPÓŁ
ŚWIĄTYNIA
GROBOWIEC
NIEZNANY

10 - Food #2

I	W	I	K	N	A	O	F	Y	K	I	U	R	K	B	P
T	V	P	A	K	N	Y	Z	S	B	L	M	N	U	W	O
O	N	O	R	G	O	N	I	W	G	J	P	T	Ł	V	M
S	S	C	C	I	L	B	K	P	A	J	S	V	A	E	I
O	M	B	Z	C	B	L	I	K	X	X	P	P	R	I	D
Z	W	M	O	Y	J	A	I	N	Ś	I	W	W	W	Y	O
R	Y	Ż	C	B	C	A	K	K	U	R	C	Z	A	K	R
O	E	P	H	A	D	K	B	Ł	S	O	J	W	M	A	P
E	I	L	A	Q	P	I	Y	Ł	A	W	T	I	R	W	W
W	O	H	E	U	Ł	S	E	R	K	Ż	Q	K	Y	G	G
W	U	I	K	S	M	L	J	U	U	O	A	W	B	R	J
I	H	Z	P	Y	Y	R	A	N	U	N	S	N	A	Z	O
V	I	J	L	U	G	E	J	Z	U	R	Y	A	B	Y	G
I	Y	U	S	Y	Ł	U	K	O	R	B	V	N	F	B	U
R	N	K	A	D	A	L	O	K	E	Z	C	A	X	V	R
P	S	Z	E	N	I	C	A	R	K	T	L	B	V	S	T

JABŁKO
KARCZOCH
BANAN
BROKUŁY
SELER
SER
WIŚNIA
KURCZAK
CZEKOLADA
JAJKO
BAKŁAŻAN
RYBA
WINOGRONO
SZYNKA
KIWI
GRZYB
RYŻ
POMIDOR
PSZENICA
JOGURT

11 - Chemistry

C	G	D	B	M	U	Q	G	J	K	B	L	R	L	Y	D
E	Z	U	W	D	L	M	X	D	Y	C	A	S	Z	V	I
N	A	Ą	D	Y	O	R	D	V	H	T	Z	E	V	F	M
Z	G	C	S	X	Ł	Y	N	Z	C	I	L	A	K	L	A
Y	Z	S	E	T	P	N	C	P	Y	F	Ó	Z	M	Q	S
M	B	J	P	E	E	Z	L	H	N	Ł	S	J	C	H	T
E	K	D	Y	C	I	C	L	Q	L	E	I	G	Ę	W	E
P	L	Y	O	Z	C	I	Z	Y	W	O	R	D	Ą	J	M
E	D	E	P	I	T	N	X	K	H	Ł	R	J	O	N	P
E	A	D	K	T	H	A	X	K	A	I	Ó	E	O	E	E
J	I	H	V	T	A	G	A	W	J	B	D	T	D	L	R
Q	F	L	H	P	R	R	A	T	O	M	O	W	Y	T	A
E	I	F	L	Y	P	O	K	B	O	G	W	K	D	C	T
M	U	B	N	B	L	A	N	R	Ł	F	L	W	O	M	U
K	A	T	A	L	I	Z	A	T	O	R	A	A	B	C	R
T	D	X	V	R	B	C	I	E	C	Z	Y	S	C	X	A

KWAS
ALKALICZNY
ATOMOWY
WĘGIEL
KATALIZATOR
CHLOR
ELEKTRON
ENZYM
GAZ
CIEPŁO
WODÓR
JON
CIECZ
CZĄSTECZKA
JĄDROWY
ORGANICZNY
TLEN
SÓL
TEMPERATURA
WAGA

12 - Music

L	A	K	O	W	X	L	Ł	G	X	P	D	E	A	O	C
M	I	D	X	A	I	W	A	D	P	Z	U	C	Ć	P	S
N	E	R	Ł	M	L	Ł	G	G	A	U	M	G	A	E	W
A	M	L	Y	N	Z	C	I	M	T	Y	R	D	W	R	Ł
G	I	X	O	C	P	O	E	T	Y	C	K	I	E	A	H
R	K	R	F	D	Z	R	A	K	N	E	S	O	I	P	A
A	R	Y	O	L	I	N	M	I	Y	L	S	V	P	J	R
N	O	T	W	C	Q	A	Y	L	P	Z	W	N	Ś	H	M
I	F	M	U	B	L	A	M	R	E	D	U	H	O	U	O
Ę	O	V	S	L	E	A	R	K	A	X	Y	M	O	U	N
L	N	W	K	L	A	S	Y	C	Z	N	Y	Y	O	D	I
H	A	R	M	O	N	I	C	Z	N	Y	L	C	R	Y	A
M	U	S	I	C	A	L	R	O	B	A	A	W	N	C	F
Q	B	A	L	L	A	D	A	Z	D	P	P	R	D	N	F
E	E	M	V	C	C	H	Ó	R	A	Q	Z	Ł	B	N	E
E	K	L	E	K	T	Y	C	Z	N	Y	F	O	B	I	G

ALBUM
BALLADA
CHÓR
KLASYCZNY
EKLEKTYCZNY
HARMONICZNY
HARMONIA
LIRYCZNY
MELODIA
MIKROFON
MUSICAL
MUZYK
OPERA
POETYCKI
NAGRANIE
RYTM
RYTMICZNY
ŚPIEWAĆ
PIOSENKARZ
WOKAL

13 - Family

B	M	P	B	D	R	E	Y	S	C	I	O	T	K	A	S
R	S	R	U	Z	Z	X	J	P	I	Z	K	T	L	N	I
A	H	Z	G	I	C	E	I	Z	D	O	E	L	B	O	O
T	C	O	H	E	Y	N	B	L	Q	M	S	D	Y	Ż	S
A	Q	D	J	C	Z	E	N	D	Q	O	O	T	K	B	T
N	X	E	M	I	Ł	H	S	N	I	M	G	I	R	Ł	R
E	I	K	E	Ń	W	S	Z	W	O	W	C	O	W	A	Z
K	M	Z	O	S	X	S	V	X	N	M	Ł	J	J	K	E
L	I	J	D	T	K	U	Z	Y	N	U	S	C	W	T	N
P	R	C	G	W	Ł	V	F	D	R	S	K	I	U	A	I
B	U	B	Ó	O	K	C	E	I	Z	D	B	E	J	M	C
B	R	A	T	R	W	V	W	W	H	Y	E	C	E	J	A
A	L	N	S	O	K	Y	L	T	Q	I	L	E	K	Z	Ł
M	Ą	Ż	R	F	C	A	D	Z	I	A	D	E	K	R	H
M	R	Y	L	H	O	J	C	O	W	S	K	I	O	L	B
M	A	C	I	E	R	Z	Y	Ń	S	K	I	L	L	S	O

PRZODEK
CIOTKA
BRAT
DZIECKO
DZIECIŃSTWO
DZIECI
KUZYN
CÓRKA
OJCIEC
DZIADEK
WNUK
MĄŻ
MACIERZYŃSKI
MATKA
BRATANEK
SIOSTRZENICA
OJCOWSKI
SIOSTRA
WUJEK
ŻONA

14 - Farm #1

I	Q	E	Ł	Q	B	Y	P	S	T	T	J	E	K	W	R
A	W	T	C	U	L	U	P	W	R	O	N	A	R	O	M
J	J	I	Y	U	Y	B	K	C	W	K	Y	X	O	D	Ł
P	S	Z	C	Z	O	Ł	A	G	A	T	R	J	W	A	D
Q	F	W	M	S	P	H	Z	P	W	X	O	A	A	T	O
W	Y	D	C	Z	N	V	C	D	Y	I	X	L	P	M	R
Y	R	V	X	Q	Ł	J	R	T	B	Ę	G	K	Y	Q	O
E	D	H	L	R	I	Ł	U	Y	Y	E	L	O	P	R	L
U	I	A	G	W	Ń	O	K	Z	Ż	P	I	E	S	J	N
A	R	G	E	D	S	I	A	N	O	N	O	Z	I	B	I
P	U	A	X	K	L	S	P	M	D	V	S	Ł	M	C	C
K	T	D	J	J	P	O	A	K	O	Z	A	B	F	Q	T
P	J	G	O	A	D	D	N	A	S	I	O	N	A	G	W
Ł	D	X	Y	C	T	J	Ó	J	Q	K	W	O	C	H	O
O	G	R	O	D	Z	E	N	I	E	N	A	W	Ó	Z	R
X	I	K	P	F	N	W	D	L	M	O	S	F	Y	I	F

ROLNICTWO
PSZCZOŁA
BIZON
CIELĘ
KOT
KURCZAK
KROWA
WRONA
PIES
OSIOŁ
OGRODZENIE
NAWÓZ
POLE
KOZA
SIANO
MIÓD
KOŃ
RYŻ
NASIONA
WODA

15 - Camping

P	J	Y	M	F	P	M	A	P	A	K	A	M	A	H	N
D	N	B	G	L	Q	P	R	Z	R	O	A	Y	N	M	U
R	U	U	Z	U	O	X	Ó	W	U	M	N	J	U	I	R
E	M	J	H	O	G	E	G	I	T	P	I	K	A	E	H
I	C	Y	Ż	Ę	I	S	K	E	A	A	B	L	U	K	I
N	M	P	U	G	E	A	J	R	N	S	A	I	D	B	N
A	A	Q	G	A	Ń	I	F	Z	W	J	K	N	P	X	P
W	W	M	M	I	U	T	B	Ą	J	F	A	A	P	P	R
O	E	A	I	J	S	T	X	T	Z	A	B	A	W	A	Z
L	Z	A	V	O	K	H	O	T	Ł	U	L	C	Ł	Z	Y
O	R	N	H	X	T	T	G	O	R	O	I	Z	E	J	G
P	D	Q	M	P	W	E	S	W	U	B	J	T	D	P	O
K	A	P	E	L	U	S	Z	A	S	S	E	E	J	L	D
V	F	E	Z	A	E	L	E	D	L	R	I	R	H	T	A
E	G	H	W	V	Ł	L	K	H	L	S	Q	Y	T	B	Ł
T	Ł	H	L	Z	F	I	O	M	H	Z	L	O	H	Y	L

PRZYGODA
ZWIERZĄT
KABINA
KAJAK
KOMPAS
OGIEŃ
LAS
ZABAWA
HAMAK
KAPELUSZ
POLOWANIE
OWAD
JEZIORO
MAPA
KSIĘŻYC
GÓRA
NATURA
LINA
NAMIOT
DRZEWA

16 - Algebra

T	R	C	O	F	A	Ł	S	Z	Y	W	E	B	Y	C	R
I	E	Ó	G	D	F	R	A	K	C	J	A	S	L	O	O
T	M	D	W	I	E	Y	K	F	Ł	E	M	C	X	P	Z
V	U	C	M	N	Y	J	K	I	N	D	A	Ł	K	Y	W
M	N	M	W	P	A	K	M	S	G	D	O	S	Q	O	I
J	S	S	Q	L	O	N	Ć	O	R	E	Z	Ł	A	M	Ą
C	Z	Y	N	N	I	K	I	Z	W	Ł	E	Y	Z	A	Z
F	V	T	R	T	D	I	C	E	M	A	R	W	W	T	A
O	Ł	C	N	O	I	F	Ś	B	N	I	N	O	I	R	N
R	Q	K	E	T	A	D	O	D	A	Z	E	I	H	Y	I
M	V	D	R	I	G	M	R	B	W	D	X	N	E	C	E
U	Q	C	F	X	R	Z	P	N	I	O	B	I	N	A	K
Ł	O	K	K	P	A	D	U	J	A	P	Y	L	G	A	Q
A	E	A	Z	W	M	V	Z	J	S	G	V	P	K	A	S
O	Y	N	N	I	E	S	K	O	Ń	C	Z	O	N	Y	Y
W	A	O	S	S	P	R	O	B	L	E	M	X	H	Q	D

DODATEK
DIAGRAM
PODZIAŁ
RÓWNANIE
WYKŁADNIK
CZYNNIK
FAŁSZYWE
FORMUŁA
FRAKCJA
NIESKOŃCZONY
LINIOWY
MATRYCA
NUMER
NAWIAS
PROBLEM
UPROŚCIĆ
ROZWIĄZANIE
ODEJMOWANIE
ZMIENNA
ZERO

17 - Numbers

P	S	S	I	E	E	I	C	Ś	A	N	R	E	T	Z	C
W	I	I	Z	D	S	F	Ł	C	O	U	D	E	R	U	S
Z	L	Ę	E	E	D	J	T	Z	K	Ł	C	P	Z	E	Z
E	A	D	T	D	Ś	A	Z	T	P	T	Y	I	Y	I	E
R	T	X	X	N	E	Ć	D	E	M	E	V	Ę	N	C	S
O	W	M	B	E	A	M	X	R	A	C	O	Ć	A	Ś	N
R	H	O	S	Ł	W	Ś	N	Y	I	B	C	L	Ś	A	A
G	C	S	N	V	D	R	C	A	C	D	Z	V	C	N	Ś
D	Z	I	E	W	I	Ę	Ć	I	Ś	O	Ć	N	I	M	C
S	I	E	D	E	M	M	Q	N	E	C	Ę	N	E	E	I
K	U	W	E	V	H	S	T	A	I	N	I	E	Y	I	E
N	T	L	J	J	G	N	J	L	Z	M	S	E	G	S	G
Y	N	T	Ę	I	S	E	I	Z	D	M	E	I	S	O	P
D	W	A	N	A	Ś	C	I	E	A	P	I	F	X	S	P
G	I	R	S	D	K	C	C	X	W	Y	Z	R	T	L	X
Q	S	K	N	L	O	K	P	J	D	A	D	F	D	R	Y

DZIESIĘTNY
OSIEM
OSIEMNAŚCIE
PIĘTNAŚCIE
PIĘĆ
CZTERY
CZTERNAŚCIE
DZIEWIĘĆ
JEDEN
SIEDEM
SIEDEMNAŚCIE
SZEŚĆ
SZESNAŚCIE
DZIESIĘĆ
TRZYNAŚCIE
TRZY
DWANAŚCIE
DWADZIEŚCIA
DWA
ZERO

18 - Spices

K	E	S	F	U	G	N	W	K	R	U	E	Ą	S	C	D
M	A	D	O	Z	O	A	K	D	A	R	E	I	Z	O	K
I	I	M	Z	Z	T	R	U	Q	Ł	C	Y	E	A	P	A
N	L	M	S	Ł	O	D	K	I	E	Y	G	J	F	L	K
E	I	X	B	Q	N	N	Z	M	W	N	V	H	R	P	A
K	N	F	N	I	L	E	Ł	K	Q	A	D	U	A	G	R
N	A	Ł	L	F	R	L	X	W	K	M	C	T	N	O	D
Y	W	Y	Z	A	F	O	C	J	Y	O	U	R	M	R	A
P	L	N	X	W	W	K	I	C	T	N	R	N	E	Z	M
A	C	Z	O	S	N	E	K	S	U	F	R	H	K	K	O
P	W	Q	A	G	O	Ź	D	Z	I	K	Y	O	W	I	N
R	M	S	D	N	N	Q	G	B	V	Q	W	T	K	M	C
Y	T	Ó	X	Y	Y	L	U	K	R	E	C	J	A	H	F
K	S	L	R	A	E	Ż	K	P	X	D	Q	F	O	H	Ł
A	L	U	B	E	C	T	S	D	Ł	E	V	K	G	X	W
K	O	P	E	R	W	Ł	O	S	K	I	Ł	F	D	Q	V

ANYŻ
GORZKI
KARDAMON
CYNAMON
GOŹDZIK
KOLENDRA
KMINEK
CURRY
KOPER WŁOSKI
KOZIERADKA
SMAK
CZOSNEK
IMBIR
LUKRECJA
CEBULA
PAPRYKA
SZAFRAN
SÓL
SŁODKIE
WANILIA

19 - Universe

X	G	T	P	Z	O	D	I	A	K	O	A	A	K	T	O
Ł	O	A	G	Ó	A	V	Ł	T	M	Ł	R	F	U	E	R
E	O	N	L	A	Ł	A	S	T	R	O	N	O	M	L	B
F	O	Q	I	A	S	K	N	I	B	T	X	P	D	E	I
A	W	B	G	I	K	Q	U	I	I	I	M	R	Y	S	T
T	J	K	I	M	I	T	W	L	E	D	Ć	Z	R	K	A
D	K	O	K	O	N	N	Y	D	A	B	Ś	E	I	O	B
A	S	S	S	N	W	O	N	K	F	Ł	O	S	M	P	L
D	I	M	Ń	O	Ó	Z	Z	S	A	A	N	I	L	A	Z
I	Ę	I	A	R	R	Y	C	C	Y	Z	M	L	M	Y	O
O	Ż	C	I	T	O	R	O	E	C	O	E	E	U	B	K
R	Y	Z	B	S	I	O	D	Ł	Ł	A	I	N	O	Ł	O
E	C	N	E	A	E	H	I	Z	S	D	C	I	D	H	H
T	W	Y	I	Q	I	S	W	O	H	Z	S	E	Y	W	L
S	Ł	O	N	E	C	Z	N	Y	Ł	M	B	L	R	B	K
A	T	M	O	S	F	E	R	A	V	R	I	N	Z	P	J

ASTEROIDA
ASTRONOM
ASTRONOMIA
ATMOSFERA
NIEBIAŃSKI
KOSMICZNY
CIEMNOŚĆ
EON
RÓWNIK
GALAKTYKA
PÓŁKULA
HORYZONT
KSIĘŻYC
ORBITA
NIEBO
SŁONECZNY
PRZESILENIE
TELESKOP
WIDOCZNY
ZODIAK

20 - Mammals

Ķ	Ł	I	I	Y	S	N	K	E	U	Y	C	Q	W	E	L
L	A	P	Ł	A	M	S	C	M	D	R	B	S	I	N	S
W	K	N	D	E	L	F	I	N	Z	E	B	V	E	I	Y
I	A	O	G	G	P	N	J	G	I	X	W	G	L	E	B
Q	Y	E	J	U	L	I	S	Q	O	E	F	Y	O	D	Ż
S	L	H	U	O	R	B	Ó	B	B	R	Ł	B	R	Ź	Y
Z	E	B	R	A	T	B	S	F	Y	H	Y	C	Y	W	R
K	R	Ó	L	I	K	K	O	T	K	Z	U	L	B	I	A
V	T	R	L	N	O	O	O	D	I	W	F	X	K	E	F
W	D	N	Y	O	L	W	A	H	Q	E	V	U	Y	D	A
W	E	C	W	O	D	O	P	T	Y	U	K	A	A	Ź	P
Y	I	S	I	M	R	I	A	Q	N	M	I	R	T	S	I
A	L	F	L	I	F	F	T	F	N	C	S	T	D	Ł	E
F	N	L	K	N	R	K	Q	I	V	L	W	N	S	O	S
Y	H	P	U	M	T	I	P	K	O	Ń	Ł	L	H	Ń	S
Q	C	C	O	P	S	V	H	R	O	J	B	D	F	U	W

NIEDŹWIEDŹ
BÓBR
BYK
KOT
KOJOT
PIES
DELFIN
SŁOŃ
LIS
ŻYRAFA
GORYL
KOŃ
KANGUR
LEW
MAŁPA
KRÓLIK
OWCE
WIELORYB
WILK
ZEBRA

21 - Restaurant #1

S	V	K	M	W	Q	N	D	Ł	Q	D	O	S	L	J	D
S	O	O	I	A	A	Z	I	J	Y	A	H	K	I	N	Ł
R	K	S	Ę	V	D	V	N	X	Ł	S	W	Ł	Y	F	C
I	Ć	Ł	S	D	L	Y	Y	U	B	V	S	A	B	J	T
Y	Ś	Ł	O	J	Y	J	Ł	L	P	U	B	D	K	Y	L
S	E	R	W	E	T	K	A	Q	Z	Ż	Ó	N	U	Z	O
P	J	B	G	J	G	W	A	K	S	I	M	I	C	Z	Q
I	I	M	E	N	U	W	I	Z	V	I	E	K	H	C	L
K	V	S	A	M	O	A	G	Z	C	Z	G	I	N	B	C
A	K	T	I	E	G	K	R	K	D	R	H	W	I	Y	C
N	A	J	C	A	W	R	E	Z	E	R	U	G	A	N	H
T	S	A	J	M	V	E	L	W	N	U	D	K	J	I	L
N	J	J	Q	S	B	N	A	Ż	Y	W	N	O	Ś	Ć	E
Y	E	I	Z	C	U	L	T	A	L	E	R	Z	V	L	B
N	R	E	S	E	D	E	B	E	F	R	Y	G	U	W	Ł
G	W	Z	X	J	B	K	B	M	W	F	K	G	F	P	U

ALERGIA
MISKA
CHLEB
KASJER
KURCZAK
KAWA
DESER
ŻYWNOŚĆ
SKŁADNIKI
KUCHNIA
NÓŻ
MIĘSO
MENU
SERWETKA
TALERZ
REZERWACJA
SOS
PIKANTNY
JEŚĆ
KELNERKA

22 - Bees

U	L	O	R	W	H	E	Y	O	W	R	R	F	R	W	K
L	K	Ż	B	E	R	I	Q	U	U	Ó	R	S	O	O	O
C	W	O	Y	O	W	A	D	Y	L	Ż	Ó	H	Ś	S	R
N	I	Ł	Y	W	X	L	I	O	O	N	J	L	L	K	Z
T	A	O	A	U	N	S	E	C	Ń	O	Ł	S	I	S	Y
U	T	D	W	C	R	O	B	X	N	R	L	D	N	E	S
H	Y	W	P	O	X	K	Ś	E	E	O	D	C	Y	Z	T
B	P	T	Y	U	C	S	Z	Ć	S	D	Ó	R	G	O	N
M	N	S	C	U	P	I	K	Ć	Ą	N	T	I	W	K	Y
I	K	Ł	D	R	V	L	B	X	O	O	S	D	A	K	A
Ó	S	W	E	Q	F	D	S	T	Y	Ś	J	A	A	K	U
D	C	Ł	Y	Y	K	E	Ł	Y	P	Ć	Y	O	X	G	E
N	Q	H	M	K	S	I	E	K	O	S	Y	S	T	E	M
H	Ł	P	G	M	W	S	C	Q	J	W	W	Ł	H	W	Y
K	R	Ó	L	O	W	A	G	Z	J	N	N	N	H	T	D
Q	E	J	M	W	L	M	Z	A	P	Y	L	A	C	Z	G

KORZYSTNY
KWITNĄĆ
RÓŻNORODNOŚĆ
EKOSYSTEM
KWIATY
ŻYWNOŚĆ
OWOC
OGRÓD
SIEDLISKO
UL

MIÓD
OWAD
ROŚLINY
PYŁEK
ZAPYLACZ
KRÓLOWA
DYM
SŁOŃCE
RÓJ
WOSK

23 - Sport

P	W	C	Ł	X	G	V	W	S	A	Z	P	O	Y	D	O
Y	R	X	I	X	U	Q	Y	I	P	D	L	D	Ł	K	D
T	Ć	O	Z	A	E	H	T	Ł	G	R	F	D	I	T	Ż
R	A	B	G	S	Ł	D	R	A	F	O	K	Y	X	O	Y
O	I	N	B	R	V	O	Z	Ł	X	W	O	C	R	Z	W
P	M	Ł	I	I	A	P	Y	M	N	I	Ś	H	Ł	A	I
S	Y	A	T	E	Ł	M	M	U	J	E	C	A	Q	P	A
D	Z	D	S	W	C	H	A	U	F	I	I	Ć	K	U	N
I	R	E	N	E	R	T	Ł	J	O	G	G	I	N	G	I
E	B	P	I	S	B	U	O	A	T	L	E	T	A	L	E
T	L	V	T	V	Q	Ł	Ś	M	I	Ę	Ś	N	I	E	P
A	O	V	N	W	V	R	Ć	O	Y	V	D	S	H	Ł	Ł
X	Y	Z	D	O	L	N	O	Ś	Ć	R	N	Ł	K	M	Y
L	W	M	E	T	A	B	O	L	I	C	Z	N	E	B	W
K	O	L	A	R	S	T	W	O	X	F	K	V	O	Y	A
P	M	Q	W	R	H	V	U	P	H	Q	W	N	G	A	Ć

ZDOLNOŚĆ
ATLETA
CIAŁO
KOŚCI
TRENER
KOLARSTWO
TANIEC
DIETA
WYTRZYMAŁOŚĆ
ZDROWIE
JOGGING
WYOLBRZYMIAĆ
METABOLICZNE
MIĘŚNIE
ODŻYWIANIE
PROGRAM
SPORTY
SIŁA
ODDYCHAĆ
PŁYWAĆ

24 - Restaurant #2

X	V	Q	K	A	F	L	J	Ł	Ł	K	C	K	C	P	E
Z	X	P	G	Y	R	J	D	V	Y	E	I	R	L	Z	K
X	R	G	U	A	A	G	A	O	Ż	L	A	Z	W	U	N
P	F	I	J	U	A	X	P	K	K	N	S	E	X	P	H
I	R	L	Ó	D	A	I	B	O	A	E	T	S	J	A	Q
P	Ł	Z	E	Ł	B	M	M	Z	K	R	O	Ł	G	S	B
W	Y	X	Y	H	Y	A	Y	Z	W	I	S	O	B	B	M
Ł	Y	S	F	P	R	K	A	E	A	T	Ó	W	O	D	A
Q	P	X	Z	T	R	T	W	O	T	C	L	J	Y	S	S
O	W	O	C	N	U	A	V	Z	S	B	L	Ł	W	I	P
Q	V	P	E	J	Y	Ł	W	E	Y	S	N	P	Q	Ł	N
Z	Z	D	L	R	G	A	W	Y	Z	R	A	W	V	A	A
J	Q	G	E	A	Z	S	I	A	R	C	K	J	U	W	P
W	X	R	D	Ł	D	X	B	X	P	V	Z	N	A	I	Ó
Z	I	V	I	M	A	K	A	R	O	N	C	C	R	J	J
U	P	T	W	U	I	K	B	T	O	F	Q	K	M	D	A

PRZYSTAWKA
NAPÓJ
CIASTO
KRZESŁO
PYSZNY
OBIAD
JAJA
RYBA
WIDELEC
OWOC
LÓD
MAKARON
SAŁATKA
SÓL
ZUPA
PRZYPRAWY
ŁYŻKA
WARZYWA
KELNER
WODA

25 - Geology

D	L	A	W	H	W	S	Ż	M	O	H	A	S	M	U	K
W	A	R	S	T	W	A	Y	C	K	G	B	K	Z	V	R
F	R	S	Ó	L	N	Y	W	X	Q	C	G	A	F	R	Y
K	O	T	Y	Z	M	I	O	K	B	I	V	M	W	N	S
Q	K	Z	C	R	A	W	K	L	M	Q	D	I	O	G	Z
N	F	Z	U	M	J	Y	S	C	Y	Z	N	E	Ł	E	T
F	Z	Z	Y	I	Z	Z	A	D	Y	Ł	S	N	E	U	A
Ń	M	B	X	Ł	O	Y	Ł	K	E	I	C	I	G	S	Ł
G	E	J	Z	E	R	R	P	O	L	V	G	A	L	T	Y
E	K	I	G	W	E	R	X	N	K	Y	B	Ł	S	A	Ł
W	W	J	M	F	A	K	M	T	Y	F	K	O	D	L	A
R	K	F	D	A	T	P	K	Y	C	W	W	Ś	C	A	R
K	E	W	B	K	K	L	Ń	N	L	C	A	Ć	N	K	E
W	U	L	K	A	N	Y	A	E	G	A	S	B	S	T	N
A	A	E	O	I	R	X	C	N	Q	I	W	K	I	Y	I
Ł	X	G	R	O	T	A	N	T	Ł	G	T	A	Z	T	M

KWAS
WAPŃ
GROTA
KONTYNENT
KORAL
KRYSZTAŁY
CYKLE
EROZJA
SKAMIENIAŁOŚĆ
GEJZER
LAWA
WARSTWA
MINERAŁY
CIEKŁY
PŁASKOWYŻ
KWARC
SÓL
STALAKTYT
KAMIEŃ
WULKAN

26 - House

K	U	T	A	K	T	R	Z	A	C	M	M	I	I	Q	W
L	C	K	Ł	J	C	I	A	Q	B	I	Z	T	G	P	W
U	J	Y	T	J	B	H	S	G	I	W	Z	R	D	D	F
C	G	P	O	K	Ó	J	Ł	W	B	G	A	R	A	Ż	X
Z	U	V	I	R	S	I	O	G	L	F	N	K	A	T	Q
E	J	T	M	E	T	B	N	E	I	Ł	L	X	J	A	Ł
Q	V	Y	P	I	W	S	Y	Y	O	R	T	Ę	I	P	S
T	I	Z	Ł	N	F	M	U	A	T	C	R	F	W	L	M
A	O	Z	X	E	H	N	V	L	E	L	B	E	M	G	O
P	R	Y	S	Z	N	I	C	Ś	K	E	N	I	M	O	K
F	J	T	C	D	U	F	D	C	A	I	N	H	C	U	K
J	W	F	Ł	O	N	K	O	I	D	Ó	R	G	O	W	Y
Z	R	B	D	R	L	T	F	A	A	P	M	A	L	W	M
K	Y	U	D	G	W	Q	B	N	C	W	M	B	I	K	N
L	S	E	T	O	O	C	W	A	H	C	Y	R	T	S	Ł
H	D	B	P	L	R	N	U	Z	E	T	W	P	S	X	B

STRYCH
MIOTŁA
ZASŁONY
DRZWI
OGRODZENIE
KOMINEK
PIĘTRO
MEBLE
GARAŻ
OGRÓD
KLUCZE
KUCHNIA
LAMPA
BIBLIOTEKA
LUSTRO
DACH
POKÓJ
PRYSZNIC
ŚCIANA
OKNO

27 - Physics

P	R	Ę	D	K	O	Ś	Ć	G	Ł	U	G	E	C	F	O
C	H	E	M	I	C	Z	N	Y	Ę	R	A	W	O	N	H
V	R	N	O	R	T	K	E	L	E	S	Z	K	O	Q	E
B	A	P	T	Ł	M	M	C	R	V	Q	T	L	C	O	C
O	K	V	A	L	Z	A	D	E	T	Z	L	O	H	U	J
C	Z	Ę	S	T	O	T	L	I	W	O	Ś	Ć	Ś	T	P
M	C	P	M	Z	Y	T	E	N	G	A	M	C	Z	Ć	O
Ł	E	T	T	L	J	Q	H	K	N	H	R	X	Z	D	C
M	T	C	H	V	H	H	G	Ł	S	O	A	H	C	N	Z
J	S	S	H	B	W	N	M	T	C	P	Q	A	S	P	Ą
Ą	Ą	A	L	A	S	I	L	N	I	K	A	I	Q	W	S
D	Z	Ć	Ś	O	N	D	Ę	L	G	Z	W	N	U	K	T
R	C	M	A	S	A	I	Ł	K	H	R	I	A	S	A	K
O	U	E	I	T	T	T	K	D	Q	Z	T	J	V	J	A
W	V	C	O	K	E	Y	V	A	C	X	H	O	J	E	A
Y	Z	F	O	R	M	U	Ł	A	C	K	F	G	Z	W	R

ATOM
CHAOS
CHEMICZNY
GĘSTOŚĆ
ELEKTRON
SILNIK
EKSPANSJA
FORMUŁA
CZĘSTOTLIWOŚĆ
GAZ
MAGNETYZM
MASA
MECHANIKA
CZĄSTECZKA
JĄDROWY
CZĄSTKA
WZGLĘDNOŚĆ
PRĘDKOŚĆ

28 - Dance

P	K	L	B	B	R	F	K	R	C	S	X	D	X	B	I
K	O	B	K	C	C	Y	U	A	H	V	Z	T	Y	S	V
F	L	S	Ł	A	C	H	L	D	O	A	H	T	J	X	G
L	K	A	T	L	D	E	T	O	R	R	H	C	U	R	E
Ł	U	N	S	A	X	I	U	S	E	Z	O	I	U	K	S
A	L	P	W	Y	W	A	R	N	O	L	T	K	H	S	A
S	T	A	I	R	C	A	A	Y	G	P	E	Ł	N	G	K
K	U	R	Z	Z	S	Z	L	B	R	R	S	K	O	K	Y
A	R	T	U	B	A	Ł	N	D	A	Ó	N	J	R	K	Z
Ł	A	N	A	V	E	U	W	Y	F	B	T	R	Y	U	U
M	L	E	L	S	E	T	C	C	I	A	Z	E	X	J	M
Z	N	R	N	H	R	Y	T	M	A	J	C	U	D	N	M
Q	Y	I	Y	I	R	Y	W	Y	R	A	Z	I	S	T	Y
T	A	K	A	D	E	M	I	A	Q	G	E	G	F	J	U
T	R	A	D	Y	C	Y	J	N	Y	C	I	A	Ł	O	W
E	M	O	C	J	A	R	B	W	D	F	A	L	W	A	W

AKADEMIA
SZTUKA
CIAŁO
CHOREOGRAFIA
KLASYCZNY
KULTURALNY
KULTURA
EMOCJA
WYRAZISTY
ŁASKA
RADOSNY
SKOK
RUCH
MUZYKA
PARTNER
POSTAWA
PRÓBA
RYTM
TRADYCYJNY
WIZUALNY

29 - Coffee

Ł	J	R	R	P	B	V	M	V	L	M	Z	B	L	X	F
H	S	E	R	K	O	F	E	I	N	A	I	N	Z	M	I
Z	K	D	E	A	N	A	I	M	D	O	L	E	F	M	L
K	S	H	I	H	N	K	B	V	C	P	I	X	L	O	T
M	L	E	K	O	Y	O	B	E	F	H	Z	Ł	C	I	R
Ł	E	S	U	E	P	I	E	C	Z	O	N	Y	E	K	Ć
K	D	Ł	C	I	S	M	A	K	V	V	H	A	N	W	J
C	Z	A	R	N	Y	F	D	E	Y	D	M	M	A	A	S
Ł	Q	K	G	E	K	B	O	C	I	E	C	Z	B	Ś	K
C	B	N	O	Z	W	J	W	I	S	E	Z	L	R	N	R
V	D	A	R	D	W	D	Ó	U	N	U	T	E	B	Y	E
L	M	Ż	Z	O	S	O	S	P	S	Y	K	X	O	W	M
Ł	F	I	K	H	G	W	Z	T	A	R	O	M	A	T	M
I	P	L	I	C	W	U	Q	E	F	N	K	D	D	W	A
H	R	I	R	O	T	C	E	X	G	I	C	Q	D	I	X
Q	H	F	L	P	L	M	Y	W	M	R	Q	Z	G	G	N

KWAŚNY
AROMAT
NAPÓJ
GORZKI
CZARNY
KOFEINA
KREM
FILIŻANKA
FILTR
SMAK

MIELIĆ
CIECZ
MLEKO
RANO
POCHODZENIE
CENA
PIECZONY
CUKIER
ODMIANA
WODA

30 - Shapes

Ł	O	W	L	P	Ł	X	W	P	T	Ą	K	J	Ó	R	T
T	W	Q	H	R	E	L	I	P	S	A	U	Y	E	F	K
Ą	A	E	V	Y	R	M	H	S	B	V	L	H	L	T	S
K	L	P	D	Z	O	Ł	O	K	Z	K	A	I	N	I	L
O	R	G	A	M	B	U	H	B	D	E	R	K	P	N	G
T	Q	A	N	A	T	K	Z	Q	A	U	Ś	Z	B	S	T
S	H	L	W	T	A	R	D	A	W	K	Q	C	Y	G	I
O	I	P	P	Ę	S	B	O	K	N	R	V	D	I	W	T
R	P	U	Q	Ł	D	N	A	R	O	Ż	N	I	K	A	A
P	E	S	O	Ł	V	Z	V	K	R	Q	A	R	T	D	N
A	R	T	L	W	Z	Y	I	P	J	D	F	H	S	I	Y
W	B	O	M	O	P	Z	J	E	N	P	O	C	Y	M	J
T	O	Ż	W	I	E	L	O	K	Ą	T	X	H	U	A	N
I	L	E	K	U	Q	G	O	N	Q	Ł	F	S	A	R	T
Q	A	K	I	T	T	R	S	Y	Q	C	D	J	I	I	K
W	C	U	P	U	C	Y	L	I	N	D	E	R	T	P	A

ŁUK
KOŁO
STOŻEK
NAROŻNIK
SZEŚCIAN
KRZYWA
CYLINDER
KRAWĘDZIE
ELIPSA
HIPERBOLA
LINIA
OWAL
WIELOKĄT
PRYZMAT
PIRAMIDA
PROSTOKĄT
BOK
KULA
KWADRAT
TRÓJKĄT

31 - Scientific Disciplines

G	C	T	P	A	O	G	A	I	M	O	T	A	N	A	A
Y	E	H	S	S	T	Q	B	Y	E	I	L	K	E	S	R
Z	A	O	E	R	Y	R	E	D	M	X	V	I	U	T	C
S	C	Q	L	M	X	C	F	B	K	Z	G	N	R	R	H
L	F	O	O	O	I	J	H	Q	X	K	Ł	A	O	O	E
W	F	J	S	Ł	G	A	L	O	K	S	O	H	L	N	O
V	M	Y	P	O	Q	I	T	S	L	U	R	C	O	O	L
B	B	Q	S	W	N	A	A	N	X	O	U	E	G	M	O
I	M	M	U	N	O	L	O	G	I	A	G	M	I	I	G
F	I	Z	J	O	L	O	G	I	A	K	N	I	A	A	I
W	T	D	A	I	M	E	H	C	O	I	B	J	A	B	A
A	A	I	G	O	L	O	J	Z	E	N	I	K	A	D	E
B	W	O	P	K	A	I	G	O	L	A	R	E	N	I	M
Y	A	I	G	O	L	O	R	O	E	T	E	M	U	U	R
B	I	O	L	O	G	I	A	I	G	O	L	O	K	E	E
S	O	C	J	O	L	O	G	I	A	B	W	K	A	M	S

ANATOMIA
ARCHEOLOGIA
ASTRONOMIA
BIOCHEMIA
BIOLOGIA
BOTANIKA
CHEMIA
EKOLOGIA
GEOLOGIA
IMMUNOLOGIA
KINEZJOLOGIA
MECHANIKA
METEOROLOGIA
MINERALOGIA
NEUROLOGIA
FIZJOLOGIA
PSYCHOLOGIA
SOCJOLOGIA

32 - Science

C	Ł	H	L	W	Z	K	W	R	Y	E	N	I	Ł	C	G
A	Z	X	T	E	Y	L	Ł	L	N	K	F	D	F	C	R
B	T	Ą	M	E	N	I	W	Ł	I	S	V	K	F	I	A
F	H	O	S	G	H	M	M	D	A	P	V	I	M	M	W
X	V	T	M	T	J	A	Q	L	R	E	S	B	U	V	I
P	K	K	G	N	E	T	Y	Ł	A	R	E	N	I	M	T
M	E	T	O	D	A	C	N	B	K	Y	O	N	R	M	A
C	Z	Ą	S	T	K	I	Z	Q	Y	M	R	A	O	C	C
H	F	A	K	T	A	A	C	K	Z	E	G	U	T	J	J
Y	I	F	U	R	N	E	I	H	I	N	A	K	A	N	A
Y	D	P	B	I	H	P	M	B	F	T	N	O	R	M	R
U	V	S	O	M	T	F	E	Y	C	C	I	W	O	V	U
R	Y	T	N	T	G	V	H	O	I	K	Z	I	B	H	T
D	A	N	E	I	E	E	C	V	Ł	U	M	E	A	G	A
K	M	S	L	Y	F	Z	V	D	A	R	R	C	L	B	N
R	O	Ś	L	I	N	Y	A	E	W	O	L	U	C	J	A

ATOM
CHEMICZNY
KLIMAT
DANE
EWOLUCJA
EKSPERYMENT
FAKT
GRAWITACJA
HIPOTEZA
LABORATORIUM
METODA
MINERAŁY
CZĄSTECZKI
NATURA
ORGANIZM
CZĄSTKI
FIZYKA
ROŚLINY
NAUKOWIEC

33 - Beauty

A	D	T	I	D	M	D	M	C	X	O	H	A	Y	N	L
Z	V	N	K	G	O	L	E	J	E	B	O	O	F	O	U
K	A	O	O	T	U	S	Z	D	O	R	Z	Ę	S	Ż	S
O	U	P	L	Q	P	Ł	N	C	M	X	Y	C	Y	Y	T
S	Y	M	A	Y	V	J	S	P	I	A	T	E	T	C	R
M	M	A	J	C	Ł	K	N	U	B	Q	K	G	N	Z	O
E	D	Z	C	V	H	K	O	R	U	Q	U	I	I	K	E
T	Q	S	N	T	R	O	S	F	S	X	D	M	J	I	J
Y	S	C	A	W	C	L	B	K	B	C	O	I	F	A	Y
K	Z	U	G	I	S	O	R	X	D	I	R	J	P	L	Ż
I	M	N	E	R	D	R	P	K	H	I	P	P	K	S	C
M	I	L	L	F	O	T	O	G	E	N	I	C	Z	N	Y
R	N	Y	E	W	B	D	T	U	B	Q	A	N	K	O	K
Z	K	S	R	B	S	T	Y	L	I	S	T	A	B	C	L
T	A	K	S	A	Ł	V	T	I	M	C	W	I	H	O	L
S	K	Ó	R	A	E	L	E	G	A	N	C	K	I	E	J

UROK
KOLOR
KOSMETYKI
LOKI
ELEGANCJA
ELEGANCKI
ZAPACH
ŁASKA
SZMINKA
MAKIJAŻ
TUSZ DO RZĘS
LUSTRO
OLEJE
FOTOGENICZNY
PRODUKTY
NOŻYCZKI
USŁUGI
SZAMPON
SKÓRA
STYLISTA

34 - To Fill

R	D	S	I	P	V	P	P	A	K	I	E	T	T	B	B
C	R	V	K	K	Ń	P	U	Ł	F	I	S	W	O	U	A
H	G	W	I	R	E	V	F	D	Y	V	X	A	R	T	S
B	W	X	O	K	Z	S	B	V	E	T	E	Z	B	E	E
W	E	R	Ł	O	S	Y	O	E	E	Ł	L	O	A	L	N
P	Y	C	S	S	E	I	N	P	V	V	K	N	N	K	J
H	F	I	Z	Z	I	Ł	O	I	Z	R	F	O	N	A	R
Ł	Z	Z	S	K	K	F	T	E	A	A	F	R	N	C	X
T	W	J	Q	C	A	O	R	U	D	M	M	D	U	S	S
J	T	A	C	A	T	L	A	B	A	N	N	A	W	U	Z
J	I	G	S	R	R	D	K	X	L	Z	R	I	P	D	I
O	O	T	I	U	E	E	R	N	F	Ł	C	W	D	W	L
X	X	S	M	R	P	R	W	A	U	Z	Y	V	K	K	O
C	G	Z	M	A	O	Y	R	J	Z	Z	N	J	H	N	C
W	A	L	I	Z	K	A	U	K	S	L	K	M	M	Y	A
F	X	A	J	L	O	X	C	U	D	H	X	V	A	T	C

TORBA
BECZKA
BASEN
KOSZ
BUTELKA
PUDEŁKO
WIADRO
KARTON
SKRZYNIA
SZUFLADA
KOPERTA
FOLDER
SŁOIK
PAKIET
KIESZEŃ
WALIZKA
TACA
WANNA
RURA
WAZON

35 - Clothes

V	Q	Y	A	K	T	E	L	O	S	N	A	R	B	P	J
W	S	G	Z	U	U	I	C	W	R	W	K	E	C	Ł	I
R	Z	L	U	R	B	N	Q	P	K	F	A	T	F	A	Z
Z	Ę	C	L	T	A	D	O	M	A	X	X	E	D	S	S
T	P	K	B	K	K	O	V	W	C	L	S	W	Ż	Z	U
B	M	I	A	A	N	P	L	J	I	U	U	S	I	C	L
Y	C	L	J	W	E	S	Z	N	N	Y	C	Z	N	Z	E
A	N	A	Q	D	I	E	B	E	D	Ł	A	X	S	A	P
X	K	Z	A	J	K	C	L	X	Ó	Y	X	D	Y	O	A
F	R	S	D	X	U	Q	Z	Q	P	K	P	L	Ł	K	K
R	A	M	S	O	S	T	P	K	S	E	I	Q	A	N	Z
X	N	R	B	T	C	P	H	G	I	Q	Ż	B	D	J	G
S	Ł	I	T	L	Ł	C	L	E	D	B	A	Ł	N	P	F
U	S	W	E	U	Q	H	V	V	J	B	M	B	A	O	Q
C	R	A	G	P	C	G	P	Z	F	M	A	L	S	M	O
J	B	J	Z	N	Z	H	B	I	Ż	U	T	E	R	I	A

FARTUCH
PAS
BLUZA
BRANSOLETKA
PŁASZCZ
SUKIENKA
MODA
RĘKAWICZKI
KAPELUSZ
KURTKA
DŻINSY
BIŻUTERIA
PIŻAMA
SPODNIE
SANDAŁY
SZALIK
KOSZULA
BUT
SPÓDNICA
SWETER

36 - Insects

S	M	R	X	D	W	V	N	U	U	H	T	K	M	Y	C
Z	G	R	B	A	H	J	V	D	V	V	E	O	O	S	H
A	M	Ć	Ó	X	B	V	N	Y	S	C	R	N	D	D	R
R	J	V	C	W	L	H	G	F	K	T	M	I	L	V	Z
A	S	O	F	Z	K	H	O	Z	Y	D	I	K	I	M	Ą
Ń	T	N	A	W	K	A	B	O	R	L	T	P	S	M	S
C	Q	O	A	K	N	O	R	D	E	I	B	O	Z	O	Z
Z	X	F	F	P	V	U	M	V	M	U	B	L	K	T	C
A	A	Q	H	H	C	U	L	A	R	A	K	N	A	Y	Z
Ł	Ł	N	X	Y	V	H	R	K	R	E	Z	Y	C	L	Ł
X	O	U	Y	Y	K	N	Ł	Ż	O	V	N	J	Y	L	U
S	Z	E	R	S	Z	E	Ń	A	W	R	A	L	Z	T	X
F	C	T	V	E	F	V	G	W	O	Z	M	N	S	C	U
G	Z	Q	O	T	O	C	Y	K	A	D	A	Ł	M	U	E
Ł	S	Ł	Ł	W	R	B	P	R	J	Y	D	S	O	I	I
V	P	Ł	R	Z	Y	W	Y	O	P	H	G	H	Z	X	N

MRÓWKA
MSZYCA
PSZCZOŁA
CHRZĄSZCZ
MOTYL
CYKADA
KARALUCH
WAŻKA
PCHŁA
KONIK POLNY
SZERSZEŃ
BIEDRONKA
LARWA
SZARAŃCZA
MODLISZKA
KOMAR
ĆMA
TERMIT
OSA
ROBAK

37 - Astronomy

I	G	A	H	M	O	N	O	R	T	S	A	N	N	U	P
F	A	S	Z	N	B	S	K	U	Ó	Z	X	Q	I	Q	L
J	L	T	A	Ł	S	U	O	U	U	W	L	G	E	D	A
Z	A	R	X	C	E	P	N	Ł	R	A	N	D	B	G	N
A	K	O	S	F	R	E	S	E	O	S	M	O	O	T	E
Ć	T	N	Ł	V	W	R	T	G	X	T	G	Q	N	O	T
M	Y	A	U	Y	A	N	E	Z	W	E	Ł	N	K	O	A
I	K	U	Ł	K	T	O	L	D	Ł	R	A	X	K	O	C
E	A	T	A	S	O	W	A	R	N	O	W	X	Y	N	Y
N	K	A	T	T	R	A	C	A	T	I	I	Z	Y	U	Ż
I	M	O	G	M	I	M	J	K	H	D	C	I	Z	K	Ę
E	B	Q	S	M	U	L	A	I	L	A	A	E	O	O	I
C	D	C	P	M	M	E	E	E	Y	Ł	D	M	D	N	S
D	O	W	R	I	O	B	M	T	N	K	L	I	I	E	K
M	E	T	E	O	R	S	O	A	A	S	D	A	A	K	S
S	Ł	O	N	E	C	Z	N	Y	O	S	J	R	K	J	T

ASTEROIDA
ASTRONAUTA
ASTRONOM
KONSTELACJA
KOSMOS
ZIEMIA
ZAĆMIENIE
RÓWNONOC
GALAKTYKA
METEOR
KSIĘŻYC
MGŁAWICA
OBSERWATORIUM
PLANETA
RAKIETA
SATELITA
NIEBO
SŁONECZNY
SUPERNOWA
ZODIAK

38 - Health and Wellness #2

S	E	R	T	S	U	W	Y	Z	D	A	E	O	C	K	V
F	Z	Q	J	C	E	Z	D	S	I	H	N	D	F	C	J
W	E	P	P	R	K	N	Z	W	E	Z	E	W	R	H	T
J	I	E	I	N	W	V	X	K	T	Y	R	O	A	J	B
Y	N	T	D	T	O	H	U	C	A	R	G	D	P	B	S
T	A	U	A	U	A	M	Q	H	W	Z	I	N	E	U	N
K	I	G	N	M	V	L	C	O	M	D	A	I	T	G	U
Ł	W	L	E	Z	I	C	O	R	A	R	I	E	Y	Y	Z
Z	Y	O	I	I	J	N	V	O	S	O	R	N	T	W	H
Ł	Ż	P	G	K	Ó	N	A	B	A	W	O	I	C	A	C
C	D	A	I	G	R	E	L	A	Ż	Y	L	E	X	G	G
X	O	Z	H	F	T	E	G	G	S	Q	A	B	T	A	J
Y	E	N	Q	F	S	I	W	A	J	C	K	E	F	N	I
U	N	O	Z	R	A	K	Y	T	E	N	E	G	R	C	W
P	I	G	K	D	N	A	N	A	T	O	M	I	A	F	V
C	S	D	F	A	E	S	Z	Y	U	E	G	P	P	T	R

ALERGIA
ANATOMIA
APETYT
KREW
KALORIA
ODWODNIENIE
DIETA
CHOROBA
ENERGIA
GENETYKA
ZDROWY
SZPITAL
HIGIENA
INFEKCJA
MASAŻ
NASTRÓJ
ODŻYWIANIE
STRES
WITAMINA
WAGA

39 - Disease

O	N	B	C	H	R	O	N	I	C	Z	N	Y	Z	S	C
D	B	E	A	P	A	T	O	G	E	N	Y	N	L	H	U
P	R	I	U	K	D	J	Ł	Ó	P	S	E	Z	D	X	O
O	Z	W	M	R	T	K	W	E	F	R	I	C	Ś	O	K
R	U	O	Q	G	O	E	C	R	E	S	G	I	Z	S	R
N	S	R	C	W	F	P	R	H	V	X	R	Z	A	Ł	C
O	Z	D	I	G	W	N	A	Y	Z	B	E	D	R	A	R
Ś	N	Z	A	S	E	Ł	Y	T	J	S	L	E	A	B	C
Ć	Y	J	Ł	N	N	N	I	N	I	N	A	I	Ź	Y	H
L	B	L	O	Z	T	S	E	V	S	A	Y	Z	L	P	B
T	E	R	A	P	I	A	N	T	B	G	N	D	I	U	R
O	D	D	E	C	H	O	W	Y	Y	O	K	A	W	H	F
O	P	B	N	T	Z	F	X	K	Y	C	M	O	Y	J	T
L	Ę	D	Ź	W	I	O	W	Y	I	U	Z	J	Q	Z	O
Z	A	P	A	L	E	N	I	E	G	K	H	N	K	P	N
E	U	E	X	Q	X	G	V	Q	O	C	F	V	Y	C	A

BRZUSZNY
ALERGIE
BAKTERYJNY
CIAŁO
KOŚCI
CHRONICZNY
ZARAŹLIWY
GENETYCZNY
ZDROWIE
SERCE
DZIEDZICZNY
ODPORNOŚĆ
ZAPALENIE
LĘDŹWIOWY
NEUROPATIA
PATOGENY
ODDECHOWY
ZESPÓŁ
TERAPIA
SŁABY

40 - Time

M	V	I	D	D	K	S	J	V	I	P	P	G	L	E	I
I	Z	J	I	E	G	Ł	T	D	R	Z	A	R	E	T	I
N	N	E	W	K	T	T	N	U	H	Ń	E	I	Z	D	T
U	W	A	N	A	Y	I	K	C	L	E	K	G	L	V	U
T	F	Ć	Q	D	F	A	Y	I	X	E	O	N	A	R	P
A	N	Ś	H	A	Ł	Ł	L	X	I	U	C	O	N	R	O
N	R	O	C	Z	N	E	D	E	Z	R	P	I	U	K	Ł
I	E	Ł	R	B	N	B	O	Z	F	U	E	X	E	A	U
Z	W	Z	O	D	U	E	C	Ą	I	S	E	I	M	L	D
D	U	S	K	Ł	V	W	Z	U	O	S	E	C	R	E	N
O	X	Y	C	K	R	K	F	C	X	Z	I	U	V	N	I
G	S	Z	U	V	T	R	X	N	G	V	A	A	G	D	E
L	D	R	I	Ł	Q	Ó	Z	V	L	Ł	Ł	F	J	A	M
N	F	P	U	B	P	T	T	Y	D	Z	I	E	Ń	R	B
D	O	P	Q	J	D	C	W	C	Z	E	S	N	Y	Z	L
T	U	S	D	F	O	E	O	L	D	E	Q	P	A	W	H

ROCZNE
PRZED
KALENDARZ
STULECIE
ZEGAR
DZIEŃ
DEKADA
WCZESNY
PRZYSZŁOŚĆ
GODZINA
MINUTA
MIESIĄC
RANO
NOC
POŁUDNIE
TERAZ
WKRÓTCE
DZISIAJ
TYDZIEŃ
ROK

41 - Buildings

F	A	B	R	Y	K	A	A	N	H	O	A	S	Z	H	G
B	I	S	T	O	D	O	Ł	A	O	B	M	U	A	O	S
T	F	N	H	N	Q	D	Y	T	S	S	B	P	M	T	G
L	S	Z	P	I	T	A	L	N	T	E	A	E	E	E	H
T	A	L	V	K	V	N	A	L	E	R	S	R	K	L	T
V	E	B	A	O	B	I	M	T	L	W	A	M	C	A	H
S	V	A	O	Y	U	B	D	N	W	A	D	A	Y	F	C
J	T	V	T	R	T	A	D	E	B	T	A	R	X	N	D
X	O	A	X	R	A	K	N	M	H	O	Y	K	T	J	R
S	I	Q	D	T	C	T	S	A	F	R	F	E	N	E	A
Z	M	D	Q	I	E	Q	O	T	S	I	H	T	S	X	B
K	A	A	D	R	O	Ł	J	R	D	U	Q	N	U	P	N
O	N	K	I	E	F	N	N	A	I	M	I	D	L	O	W
Ł	M	U	Z	E	U	M	D	P	B	U	W	I	E	Ż	A
A	O	Q	B	D	Q	I	M	A	A	Y	M	J	V	C	J
U	N	I	W	E	R	S	Y	T	E	T	V	U	B	G	W

APARTAMENT
STODOŁA
KABINA
ZAMEK
KINO
AMBASADA
FABRYKA
SZPITAL
HOSTEL
HOTEL
LABORATORIUM
MUZEUM
OBSERWATORIUM
SZKOŁA
STADION
SUPERMARKET
NAMIOT
TEATR
WIEŻA
UNIWERSYTET

42 - Philanthropy

P	U	V	Y	P	O	D	A	R	O	W	A	Ć	D	L	Z
A	L	M	Ł	O	D	Z	I	E	Ż	Ł	L	H	D	F	C
P	F	U	N	D	U	S	Z	E	V	P	R	X	C	L	Z
D	U	E	Z	R	X	X	O	S	N	V	P	K	E	Y	S
C	O	B	Y	H	Y	O	S	N	B	Ł	Ł	Q	L	Y	Q
D	G	B	L	N	Ł	D	Ł	A	J	S	I	M	E	H	U
N	R	Ł	R	I	Ć	Ś	O	N	Z	C	E	Ł	O	P	S
W	U	U	I	O	C	Y	E	I	Z	D	U	L	P	B	I
Y	P	X	H	Ł	C	Z	U	F	F	R	L	C	A	Y	O
Z	Y	A	X	L	D	Z	N	Ł	Ą	C	Z	N	O	Ś	Ć
W	J	P	E	T	Q	Y	Y	Y	M	A	R	G	O	R	P
A	B	E	Z	R	T	O	P	N	A	N	H	W	S	P	P
N	H	I	S	T	O	R	I	A	N	U	T	A	N	R	C
I	C	E	I	Z	D	H	E	Ć	Ś	O	K	Z	D	U	L
A	U	C	Z	C	I	W	O	Ś	Ć	D	Ś	A	F	M	F
B	D	E	J	W	H	O	J	N	O	Ś	Ć	Ć	H	D	A

WYZWANIA
DOBROCZYNNOŚĆ
DZIECI
SPOŁECZNOŚĆ
ŁĄCZNOŚĆ
PODAROWAĆ
FINANSE
FUNDUSZE
HOJNOŚĆ
CELE
GRUPY
HISTORIA
UCZCIWOŚĆ
LUDZKOŚĆ
MISJA
POTRZEBA
LUDZIE
PROGRAMY
PUBLICZNY
MŁODZIEŻ

43 - Gardening

Y	L	W	O	D	A	Ć	A	S	J	K	E	Y	D	Ł	K
K	I	N	M	E	J	O	P	E	A	O	G	C	Y	G	D
Y	Ś	D	I	Q	K	G	J	Z	D	M	Z	D	V	A	I
Ł	C	U	U	M	R	L	B	O	A	P	O	Q	Y	W	S
G	I	R	C	Ł	O	I	Q	N	L	O	T	T	W	W	H
V	U	B	E	Q	S	W	C	O	N	S	Y	Q	M	P	J
Q	Ł	O	G	L	E	B	A	W	Y	T	C	Ł	P	U	B
J	U	T	G	O	S	X	I	Y	D	G	Z	Y	Q	N	X
J	M	A	K	A	N	O	I	S	A	N	N	L	O	W	N
L	D	N	M	L	T	B	N	Ł	S	Q	Y	W	E	C	H
B	P	I	W	O	I	U	K	W	I	T	N	Ą	Ć	Z	M
S	D	C	F	Ą	M	M	N	I	J	J	O	L	I	Ś	Ć
Y	V	Z	E	R	Ż	Z	A	E	D	N	S	N	X	X	P
M	D	N	T	T	E	X	T	T	K	S	W	X	C	X	J
G	F	Y	K	W	I	A	T	O	W	Y	Ł	G	O	A	K
B	U	K	I	E	T	A	A	D	O	H	M	S	K	O	N

KWITNĄĆ
BOTANICZNY
BUKIET
KLIMAT
KOMPOST
POJEMNIK
BRUD
JADALNY
EGZOTYCZNY
KWIATOWY

LIŚCI
WĄŻ
LIŚĆ
WILGOĆ
SAD
SEZONOWY
NASIONA
GLEBA
GATUNEK
WODA

44 - Herbalism

O	E	S	T	R	A	G	O	N	P	B	O	B	W	I	G
N	G	E	Ł	K	L	Q	D	B	K	N	Ł	K	C	E	L
A	P	R	Q	A	U	D	D	R	Y	P	T	M	W	E	P
G	I	J	Ó	P	M	F	M	T	Z	D	F	Q	Q	G	M
E	E	D	V	D	M	Q	I	S	K	Ł	A	D	N	I	K
R	T	B	W	N	R	L	Ę	Z	I	E	L	O	N	Y	S
O	R	Y	N	Z	C	Y	T	A	M	O	R	A	C	T	Z
R	U	N	Y	Y	N	R	A	N	I	L	U	K	R	Y	A
O	S	T	R	W	R	H	Q	S	X	S	S	S	F	Q	F
Ś	Z	S	A	F	E	Y	L	G	K	E	D	L	O	W	R
L	K	Y	M	D	S	O	R	A	I	L	Y	Z	A	B	A
I	A	Z	Z	I	K	S	O	Ł	W	R	E	P	O	K	N
N	Q	R	O	U	K	W	I	A	T	E	M	H	N	E	H
A	J	O	R	A	V	C	N	X	E	V	N	Q	F	P	A
C	I	K	M	X	H	S	M	A	K	L	J	D	C	M	N
C	Z	O	S	N	E	K	E	N	A	R	E	J	A	M	Z

AROMATYCZNY
BAZYLIA
KORZYSTNY
KULINARNY
KOPER WŁOSKI
SMAK
KWIAT
OGRÓD
CZOSNEK
ZIELONY
SKŁADNIK
LAWENDA
MAJERANEK
MIĘTA
OREGANO
PIETRUSZKA
ROŚLINA
ROZMARYN
SZAFRAN
ESTRAGON

45 - Vehicles

O	C	I	Ę	Ż	A	R	Ó	W	K	A	Z	Z	Z	I	P
M	P	N	W	H	Ł	O	A	G	B	O	N	Ł	D	X	R
G	E	O	Ł	Ó	D	Ź	P	O	D	W	O	D	N	A	O
G	O	T	N	J	K	A	T	E	I	K	A	R	X	T	M
C	X	J	R	Y	C	F	N	K	L	M	C	X	G	V	Ł
F	H	V	H	O	T	Ł	H	A	W	T	A	R	T	A	W
S	I	L	N	I	K	Y	L	I	W	R	O	W	E	R	I
Ś	M	I	G	Ł	O	W	I	E	C	A	R	H	B	S	C
W	E	L	N	K	R	S	K	U	T	E	R	A	Ł	A	I
P	O	C	I	Ą	G	N	B	F	C	V	J	A	W	M	Ą
R	N	K	I	E	L	A	G	W	W	Y	R	F	K	O	G
J	O	W	M	B	U	L	A	U	T	O	B	U	S	L	N
Ł	Ó	D	Ź	M	W	U	F	S	O	B	F	K	Y	O	I
F	I	U	Y	F	O	B	D	A	V	H	D	L	S	T	K
N	D	Ó	H	C	O	M	A	S	V	Y	C	B	C	Y	F
C	K	A	B	S	L	A	H	X	X	T	N	Z	C	W	R

SAMOLOT
AMBULANS
ROWER
ŁÓDŹ
AUTOBUS
SAMOCHÓD
KARAWANA
PROM
ŚMIGŁOWIEC
SILNIK
TRATWA
RAKIETA
SKUTER
ŁÓDŹ PODWODNA
METRO
TAXI
OPONY
CIĄGNIK
POCIĄG
CIĘŻARÓWKA

46 - Flowers

J	K	L	I	L	I	O	W	Y	M	H	Q	B	D	L	O
L	O	G	Ł	L	T	U	L	I	P	A	N	D	B	K	R
M	N	D	M	S	A	M	K	P	M	K	F	R	J	A	C
A	I	L	B	U	L	W	H	H	Z	K	Z	F	T	R	H
G	C	B	P	K	W	A	E	T	U	Y	H	B	J	A	I
N	Z	L	C	S	A	I	X	N	B	C	S	G	B	Y	D
O	Y	S	E	I	T	N	L	C	D	W	Y	A	V	H	E
L	N	M	P	B	M	O	I	J	X	A	Q	R	B	C	A
I	A	Y	V	I	W	W	K	A	M	H	W	D	W	D	I
A	B	F	V	H	D	I	N	R	D	L	I	E	J	Z	R
S	U	B	K	Ł	Z	P	O	J	O	L	L	N	H	V	E
W	K	L	I	L	I	A	Ż	X	A	T	O	I	M	K	M
K	I	N	Z	C	E	N	O	Ł	S	Ś	K	A	D	Ł	U
K	E	T	A	Ł	P	K	H	W	N	U	M	A	F	U	L
I	T	D	R	R	C	W	Y	R	Ó	Ż	A	I	U	B	P
P	A	S	S	I	O	N	F	L	O	W	E	R	N	R	E

BUKIET
KONICZYNA
ŻONKIL
STOKROTKA
GARDENIA
HIBISKUS
JAŚMIN
LAWENDA
LILIOWY
LILIA
MAGNOLIA
ORCHIDEA
PASSIONFLOWER
PIWONIA
PŁATEK
PLUMERIA
MAK
RÓŻA
SŁONECZNIK
TULIPAN

47 - Health and Wellness #1

W	P	K	Y	N	W	Y	T	K	A	K	I	N	I	L	K
C	Z	O	A	P	I	Y	N	O	M	R	O	H	L	K	T
T	H	R	I	V	J	W	S	K	A	L	E	R	E	F	T
R	S	Q	H	C	U	R	D	O	A	P	N	O	C	Y	B
G	Ł	Ó	D	C	G	E	W	R	K	B	L	N	Z	I	D
D	O	B	R	S	P	N	T	T	E	O	K	U	E	H	Ł
R	N	O	T	U	D	E	V	E	T	H	Ś	U	N	S	D
B	A	K	T	E	R	I	A	R	P	I	L	Ć	I	K	O
E	S	Y	T	I	X	N	P	A	A	H	Q	M	E	Ó	D
S	G	W	Z	N	X	Ś	T	P	W	I	R	U	S	R	D
A	Z	A	V	A	A	Ę	O	I	I	C	C	C	L	A	Y
O	L	N	Z	M	U	I	Y	A	C	N	G	K	D	X	C
Z	M	X	X	A	C	M	L	R	J	Ś	M	T	Z	L	H
K	D	W	X	Ł	V	Y	G	Q	S	B	O	F	E	E	A
B	E	D	L	Z	R	A	K	E	L	Ł	A	K	A	Z	Ć
V	R	B	I	Z	T	I	S	W	I	Q	A	Z	J	D	A

AKTYWNY
BAKTERIA
KOŚCI
KLINIKA
LEKARZ
ZŁAMANIE
NAWYK
WYSOKOŚĆ
HORMONY
GŁÓD
MIĘŚNIE
NERWY
APTEKA
ODRUCH
RELAKS
SKÓRA
TERAPIA
ODDYCHAĆ
LECZENIE
WIRUS

48 - Town

Z	T	D	A	K	I	N	I	L	K	Q	N	K	L	I	V
M	E	P	I	E	K	A	R	N	I	A	X	Ł	R	O	G
H	A	R	R	W	K	I	K	R	J	X	V	B	O	I	X
M	T	C	E	E	L	N	Y	E	Y	H	X	B	R	S	N
D	R	I	L	A	U	R	M	E	T	Ł	O	O	Z	M	Y
M	X	Q	A	S	I	A	U	T	E	P	P	T	I	O	T
Ł	E	H	G	S	T	G	Ł	O	G	T	A	S	E	S	Q
N	O	T	L	P	A	Ę	S	T	S	J	Ł	K	B	L	P
K	I	N	O	K	S	I	N	T	O	L	O	L	A	S	G
M	T	H	A	X	I	S	O	S	O	G	K	E	N	Y	R
O	U	W	J	U	E	K	I	Ł	U	Ł	Z	P	K	J	X
Z	H	Z	Z	Y	O	G	D	R	L	N	S	J	G	B	B
B	H	K	E	K	W	I	A	C	I	A	R	Z	V	F	Z
E	M	Z	O	U	T	E	T	Y	S	R	E	W	I	N	U
P	X	W	U	G	M	Z	S	X	H	P	Y	X	E	U	P
Q	R	B	I	B	L	I	O	T	E	K	A	W	M	J	E

LOTNISKO
PIEKARNIA
BANK
KSIĘGARNIA
KINO
KLINIKA
KWIACIARZ
GALERIA
HOTEL
BIBLIOTEKA
RYNEK
MUZEUM
APTEKA
SZKOŁA
STADION
SKLEP
TEATR
UNIWERSYTET
ZOO

49 - Antarctica

M	C	G	P	L	Ó	D	G	E	O	G	R	A	F	I	A
W	Y	P	R	A	W	A	J	C	A	R	G	I	M	T	D
N	F	N	H	R	S	B	N	H	Z	Q	Z	Y	F	M	O
A	K	W	K	U	F	Y	F	M	B	F	Y	O	U	J	W
U	Y	A	A	T	G	Q	Z	U	Z	R	P	J	H	U	Ś
K	W	I	K	A	T	P	X	R	L	R	Ł	I	Q	T	R
O	Y	F	Z	R	Z	P	Q	Y	B	J	O	G	D	N	O
W	S	A	C	E	C	A	Ó	L	O	D	O	W	C	E	D
Y	P	R	O	P	A	N	T	Ł	E	Q	Y	P	Y	N	O
W	Y	G	T	M	D	O	B	O	W	T	X	R	G	Y	W
X	Q	O	A	E	A	R	O	E	K	Y	D	J	C	T	I
N	V	P	Z	T	B	H	T	S	B	A	S	I	K	N	S
C	U	O	H	Q	V	C	M	G	P	W	I	E	D	O	K
E	T	T	J	H	A	O	Ł	H	M	U	T	O	P	K	O
S	K	A	L	I	S	T	Y	H	S	J	F	E	Z	G	P
H	Ł	S	A	Ł	Q	Q	Y	V	Ł	V	C	N	Ł	E	W

ZATOKA
PTAKI
CHMURY
OCHRONA
KONTYNENT
ZATOCZKA
ŚRODOWISKO
WYPRAWA
GEOGRAFIA
LODOWCE
LÓD
WYSPY
MIGRACJA
PÓŁWYSEP
BADACZ
SKALISTY
NAUKOWY
TEMPERATURA
TOPOGRAFIA
WODA

50 - Ballet

O	Z	R	V	L	Z	B	R	Y	T	M	Ł	H	N	I	U
T	E	C	H	N	I	K	A	O	Y	R	U	V	F	N	M
A	O	Q	D	Y	T	A	N	C	E	R	Z	E	K	T	I
J	Ł	W	W	D	Z	I	Ę	C	Z	N	Y	N	H	E	E
M	S	V	Y	O	K	L	A	S	K	I	F	H	S	N	J
A	I	F	A	R	G	O	E	R	O	H	C	W	U	S	Ę
X	B	Y	M	X	A	R	T	S	E	I	K	R	O	Y	T
L	E	K	C	J	E	Z	V	K	F	B	F	R	H	W	N
B	I	N	Ć	Y	Z	C	I	W	Ć	E	K	T	U	N	O
A	N	I	R	E	L	A	B	S	W	V	E	X	L	O	Ś
M	Ś	E	L	U	P	W	Ł	L	T	X	P	B	Z	Ś	Ć
U	Ę	H	Y	N	Z	C	Y	T	S	Y	T	R	A	Ć	F
Z	I	O	T	Ł	U	E	Q	Y	E	J	T	Z	T	P	I
Y	M	A	S	L	Y	L	D	Q	G	W	P	V	R	K	T
K	R	K	O	M	P	O	Z	Y	T	O	R	E	Ł	W	U
A	P	U	B	L	I	C	Z	N	O	Ś	Ć	P	F	B	Q

OKLASKI
ARTYSTYCZNY
PUBLICZNOŚĆ
BALERINA
CHOREOGRAFIA
KOMPOZYTOR
TANCERZE
WYRAZISTY
GEST
WDZIĘCZNY
INTENSYWNOŚĆ
LEKCJE
MIĘŚNIE
MUZYKA
ORKIESTRA
ĆWICZYĆ
RYTM
UMIEJĘTNOŚĆ
STYL
TECHNIKA

51 - Fashion

K	N	P	G	N	H	L	Y	T	S	O	Z	B	G	S	X
O	O	Z	R	C	P	H	C	K	I	T	U	B	U	H	B
R	W	Q	Y	O	Y	P	M	A	R	U	T	S	K	E	T
O	O	I	V	Q	S	W	Y	N	M	O	R	K	S	R	Y
N	C	G	X	M	C	T	E	I	G	O	R	D	E	I	N
K	Z	I	H	L	Y	V	Y	N	G	W	Z	Ó	R	K	Z
I	E	O	D	Z	I	E	Ż	A	Z	O	Y	P	T	S	C
E	S	N	L	Z	Ł	A	N	I	G	Y	R	O	E	I	Y
Y	N	T	T	D	U	X	Q	W	B	N	A	D	N	C	T
H	Y	U	M	Y	Z	A	H	E	M	D	I	Ł	D	Y	K
E	L	E	G	A	N	C	K	I	D	O	M	W	E	Z	A
R	R	P	H	A	F	T	W	S	F	G	O	U	N	R	R
U	O	R	P	G	M	B	C	M	J	Y	P	Q	C	P	P
S	R	K	W	B	K	M	R	T	J	W	N	Z	J	X	Z
L	P	Ł	Z	Ł	M	Ł	A	A	J	G	O	K	A	Q	K
E	T	P	C	C	T	G	K	J	F	I	N	Z	L	Q	C

NIEDROGIE
BUTIK
PRZYCISKI
ODZIEŻ
WYGODNY
ELEGANCKI
HAFT
DROGI
TKANINA
KORONKI
POMIARY
NOWOCZESNY
SKROMNY
ORYGINAŁ
WZÓR
PRAKTYCZNY
PROSTY
STYL
TEKSTURA
TENDENCJA

52 - Human Body

T	G	H	Q	U	Q	A	S	T	W	V	O	I	W	Q	M
W	A	V	N	V	W	W	M	W	E	R	K	P	B	S	Ó
J	V	O	O	L	R	S	Ł	A	K	Ę	Z	C	Z	S	Z
F	Ł	F	S	K	E	D	Ó	R	B	D	O	P	J	H	G
W	Y	R	K	L	B	Y	O	Z	U	Y	R	X	K	T	E
C	N	S	K	I	C	L	N	B	N	D	U	T	X	Z	Z
F	O	G	X	H	Z	J	A	J	Y	Z	S	G	O	P	E
P	G	U	C	H	O	W	L	B	V	J	K	Z	X	T	L
I	A	S	C	I	C	Ś	O	K	I	E	W	U	Z	A	P
G	W	H	Y	Ć	E	I	K	O	Ł	N	Y	W	S	K	Q
L	Ł	T	A	O	L	S	E	R	C	E	B	J	L	T	A
V	W	O	F	R	A	M	I	Ę	C	U	E	B	Y	S	A
W	E	J	W	V	P	K	N	X	F	G	M	H	D	O	R
T	W	W	Ł	A	X	Z	Ę	Z	W	Y	X	Y	J	K	Ó
K	J	G	R	G	C	A	K	R	Z	X	I	D	Q	F	K
Y	Y	N	U	Y	J	X	J	S	C	K	G	J	P	Y	S

KOSTKA
KREW
KOŚCI
MÓZG
PODBRÓDEK
UCHO
ŁOKIEĆ
TWARZ
PALEC
RĘKA

GŁOWA
SERCE
SZCZĘKA
KOLANO
NOGA
USTA
SZYJA
NOS
RAMIĘ
SKÓRA

53 - Musical Instruments

H	M	R	J	X	P	O	S	F	Q	S	E	H	R	U	N
P	A	W	D	C	Y	E	N	U	L	V	V	A	C	M	X
A	N	R	N	N	I	X	R	S	T	E	N	R	A	L	K
R	I	L	M	N	O	W	B	K	Y	K	T	F	K	M	O
A	L	U	R	O	V	N	Y	R	U	B	M	A	T	M	W
T	O	G	A	F	N	E	B	Ę	B	S	W	Q	Q	M	I
I	D	Ł	M	O	O	I	V	U	J	D	J	Ó	B	O	O
G	N	O	G	S	Z	B	J	L	L	J	A	A	S	J	L
Q	A	Y	D	K	U	C	X	K	D	Ł	N	B	K	N	O
A	M	R	U	A	P	E	Y	A	A	M	G	M	R	A	N
N	D	T	F	S	P	I	A	N	I	N	O	I	Z	B	C
C	Z	F	I	B	V	H	K	K	N	X	C	R	Y	G	Z
P	L	C	S	B	D	D	B	E	C	W	H	A	P	J	E
P	D	K	W	G	R	G	Ą	L	T	Z	W	M	C	F	L
J	X	H	V	N	F	D	R	Ł	Z	O	Q	C	E	W	A
H	B	N	D	N	K	F	T	N	V	W	Y	W	A	F	B

BANJO
FAGOT
WIOLONCZELA
KLARNET
BĘBEN
FLET
GONG
GITARA
HARMONIJKA
HARFA
MANDOLINA
MARIMBA
OBÓJ
PERKUSJA
PIANINO
SAKSOFON
TAMBURYN
PUZON
TRĄBKA
SKRZYPCE

54 - Fruit

C	W	G	U	A	W	A	N	I	L	A	M	Z	Ł	K	J
V	Y	I	A	J	A	P	A	P	Q	M	V	I	E	F	A
A	H	F	N	Y	A	Q	Z	P	R	W	M	I	R	I	S
H	N	T	Y	O	K	Ł	B	A	J	E	T	U	W	G	H
P	A	X	R	G	G	L	J	A	G	O	D	A	T	A	S
E	R	X	A	N	Y	R	T	Y	C	H	R	O	B	I	J
J	H	F	T	A	W	U	O	D	A	K	O	W	A	N	I
V	P	H	K	M	L	E	M	N	Q	Y	H	T	C	Ś	T
G	K	E	E	Y	U	Q	K	C	O	M	I	D	Y	I	S
B	S	R	N	O	F	Q	E	F	C	X	E	V	S	W	F
D	A	K	Z	S	U	R	G	E	B	J	L	L	W	Y	K
B	N	N	K	O	X	H	P	C	L	Z	Q	E	O	O	O
V	A	V	A	B	K	I	W	I	L	Y	Z	S	V	N	K
K	N	V	A	N	M	O	R	E	L	A	S	T	Q	C	O
E	A	B	R	Z	O	S	K	W	I	N	I	A	E	D	S
Z	A	F	P	O	E	O	T	G	P	P	Ł	U	T	T	B

JABŁKO
MORELA
AWOKADO
BANAN
JAGODA
WIŚNIA
KOKOS
FIGA
WINOGRONO
GUAWA
KIWI
CYTRYNA
MANGO
MELON
NEKTARYNA
PAPAJA
BRZOSKWINIA
GRUSZKA
ANANAS
MALINA

55 - Engineering

A	R	U	T	K	U	R	T	S	O	N	C	W	V	S	U
Y	Z	X	J	K	R	L	C	F	I	K	K	I	G	V	I
Ś	R	E	D	N	I	C	A	Y	C	L	R	R	E	V	B
H	T	E	T	B	O	A	I	G	R	E	N	E	J	C	U
Y	E	B	K	U	B	S	N	A	P	Ę	D	I	V	B	Z
R	E	Y	Ł	D	L	T	T	J	N	Z	I	M	K	B	L
P	B	T	X	O	I	A	K	C	E	Y	T	H	B	I	D
F	X	Z	M	W	C	B	K	U	Y	K	Z	D	S	F	F
S	I	Ł	A	A	Z	I	Ą	B	H	C	E	S	T	Q	W
D	W	P	R	C	E	L	T	Y	J	G	G	Ś	A	S	Y
I	D	T	G	L	Ń	N	T	R	A	I	M	O	P	M	M
E	D	Q	A	P	E	O	B	T	X	T	J	Y	B	M	I
S	W	G	I	K	Z	Ś	R	S	S	J	P	Q	M	V	A
E	Z	W	D	X	A	Ć	X	Y	N	W	G	F	K	J	R
L	E	I	N	G	I	W	Ź	D	I	O	I	A	C	I	Y
J	Q	G	Ł	Ę	B	O	K	O	Ś	Ć	G	Q	L	N	U

KĄT
OŚ
OBLICZEŃ
BUDOWA
GŁĘBOKOŚĆ
DIAGRAM
ŚREDNICA
DIESEL
WYMIARY
DYSTRYBUCJA
ENERGIA
DŹWIGNIE
CIECZ
MASZYNA
POMIAR
SILNIK
NAPĘD
STABILNOŚĆ
SIŁA
STRUKTURA

56 - Kitchen

J	P	W	G	U	H	E	P	A	Ł	E	C	Z	K	I	J
I	Z	R	E	V	C	N	W	D	Ł	D	T	Ć	J	I	E
Ł	A	V	W	F	U	N	Ł	A	F	Z	B	Ś	F	U	Ś
S	E	R	W	E	T	K	A	K	W	Ó	D	O	L	T	Ć
Ł	I	Ł	E	Ż	R	P	Z	I	G	E	Y	N	K	F	D
L	Y	P	C	O	A	Z	A	N	H	J	H	W	E	T	F
G	W	Ż	E	N	F	U	M	R	H	A	Q	Y	H	H	N
S	A	N	K	Z	O	V	R	A	F	C	L	Ż	W	G	Y
B	R	S	E	I	R	N	A	K	L	U	K	I	U	A	H
P	P	K	N	K	C	P	Ż	E	C	L	E	D	I	W	P
J	Y	M	A	D	H	Z	A	I	C	Z	A	J	N	I	K
P	Z	W	B	W	I	I	R	P	S	I	S	D	M	V	F
Ł	R	M	Z	A	T	Z	K	S	N	Ł	G	Ą	B	K	A
V	P	C	D	D	Ł	W	A	V	F	O	O	Q	H	S	X
A	L	F	P	N	I	Q	G	R	I	L	L	I	Ł	A	Y
B	I	E	M	I	S	K	A	K	U	B	K	I	K	A	X

FARTUCH
MISKA
PAŁECZKI
KUBKI
ŻYWNOŚĆ
WIDELCE
ZAMRAŻARKA
GRILL
SŁOIK
DZBANEK
CZAJNIK
NOŻE
SERWETKA
PIEKARNIK
PRZEPIS
LODÓWKA
PRZYPRAWY
GĄBKA
ŁYŻKI
JEŚĆ

57 - Government

S	D	D	N	I	E	Z	A	L	E	Ż	N	O	Ś	Ć	K
L	O	I	Y	N	L	I	W	Y	C	Q	M	O	N	V	O
R	V	A	R	S	S	P	I	V	S	R	Ć	G	L	F	N
A	J	C	A	R	K	O	M	E	D	L	Ś	A	C	Q	S
W	Z	I	M	O	G	U	C	T	M	M	O	E	C	S	T
T	O	N	Q	O	D	Ł	S	P	O	M	N	I	K	X	Y
T	B	L	A	H	W	R	T	J	Y	K	W	N	G	X	T
V	T	E	N	K	E	A	S	O	A	U	Ó	A	H	Z	U
H	L	I	J	O	F	I	T	F	K	U	R	R	E	A	C
S	Ł	Z	O	Z	Ś	F	A	C	Y	I	R	Ó	M	R	J
S	I	D	K	P	T	Ć	N	Q	T	L	U	D	H	C	A
S	Ą	D	O	W	Y	R	D	I	I	L	I	D	E	R	Z
I	U	U	P	P	R	A	W	O	L	O	B	M	Y	S	R
I	H	E	S	F	H	V	E	W	O	J	A	R	K	P	M
D	R	N	W	G	J	Z	Q	H	P	Y	Y	E	P	Q	D
O	B	Y	W	A	T	E	L	S	T	W	O	Z	O	K	L

OBYWATELSTWO
CYWILNY
KONSTYTUCJA
DEMOKRACJA
DYSKUSJA
DZIELNICA
RÓWNOŚĆ
NIEZALEŻNOŚĆ
SĄDOWY
PRAWO
LIDER
WOLNOŚĆ
POMNIK
NARÓD
KRAJOWE
SPOKOJNA
POLITYKA
MOWA
STAN
SYMBOL

58 - Art Supplies

K	I	N	I	O	T	R	Y	O	Ł	S	E	Z	R	K	S
Z	R	E	I	P	A	P	Y	Ł	S	Y	M	O	P	R	S
F	V	E	V	Y	D	B	B	Ó	A	R	S	P	H	E	B
S	V	M	D	M	O	U	R	W	K	O	F	L	T	A	M
E	V	V	N	K	W	W	A	K	R	L	Y	B	W	T	H
S	Ł	Z	Y	Z	I	E	F	I	Y	O	D	N	U	Y	V
H	Z	D	P	M	S	T	Ó	Ł	L	K	T	I	A	W	W
Y	B	T	O	L	E	J	G	J	E	P	E	P	Q	N	K
L	I	N	A	E	T	E	T	U	E	K	L	V	Z	O	H
O	B	E	N	L	D	L	R	W	M	M	E	A	D	Ś	F
M	S	M	I	Z	U	K	X	V	M	K	R	K	J	Ć	I
D	V	A	L	D	V	G	H	G	B	W	A	A	U	B	A
X	W	R	G	Ę	A	W	A	C	Z	E	W	M	S	E	M
A	I	T	Z	P	E	B	K	T	D	E	K	E	E	N	B
U	R	A	E	E	V	O	K	S	Z	O	A	R	H	C	P
C	J	Ł	Q	C	T	M	D	C	V	Q	Q	A	W	I	A

AKRYL
PĘDZLE
KAMERA
KRZESŁO
GLINA
KOLORY
KREDKI
KREATYWNOŚĆ
SZTALUGA
GUMKA
KLEJ
POMYSŁY
ATRAMENT
OLEJ
FARBY
PAPIER
OŁÓWKI
STÓŁ
WODA
AKWARELE

59 - Science Fiction

G	A	L	A	K	T	Y	K	A	N	W	S	D	C	Y	V
U	W	P	C	L	T	A	D	Ł	H	P	K	F	X	U	M
Y	D	D	Ł	C	A	I	N	Z	C	O	R	Y	W	R	S
N	Ł	P	E	H	J	G	P	N	U	S	A	W	E	O	N
A	X	K	G	E	E	O	U	G	B	I	J	O	O	B	M
W	W	S	N	M	M	L	N	E	Y	J	N	M	R	O	X
O	N	I	K	I	N	O	D	C	W	M	Y	O	S	T	L
N	A	Ą	W	K	I	N	W	U	L	L	N	T	W	Y	G
I	T	Ż	A	A	C	H	N	T	U	Ł	O	A	Ń	Ł	S
G	B	K	O	L	Z	C	B	O	P	L	A	N	E	T	A
A	E	I	R	I	Y	E	S	P	A	Ł	H	Y	I	O	D
M	L	M	J	A	Z	T	W	I	M	N	T	K	G	O	R
I	L	P	Ś	W	I	A	T	A	H	H	C	V	O	G	Ł
Y	S	E	F	U	T	U	R	Y	S	T	Y	C	Z	N	Y
W	F	A	N	T	A	S	T	Y	C	Z	N	Y	M	O	N
I	L	U	Z	J	A	W	L	D	Y	S	T	O	P	I	A

ATOMOWY
KSIĄŻKI
CHEMIKALIA
KINO
DYSTOPIA
WYBUCH
SKRAJNY
FANTASTYCZNY
OGIEŃ
FUTURYSTYCZNY
GALAKTYKA
ILUZJA
WYIMAGINOWANY
TAJEMNICZY
WYROCZNIA
PLANETA
ROBOTY
TECHNOLOGIA
UTOPIA
ŚWIAT

60 - Geometry

R	Ó	W	N	O	L	E	G	Ł	Y	K	S	P	E	V	R
Ś	S	Q	I	Ł	R	T	M	P	W	R	Y	O	D	X	W
S	R	B	G	O	T	E	E	O	Y	Z	M	Z	M	O	E
W	F	E	K	K	X	O	D	W	S	Y	E	I	K	H	Z
Y	L	N	D	P	P	R	I	I	O	W	T	O	R	Ą	X
M	E	O	U	N	S	I	A	E	K	A	R	M	U	W	T
I	D	Ł	G	E	I	A	N	R	O	L	I	Y	P	L	W
A	X	Z	R	I	W	C	A	Z	Ś	F	A	G	R	U	K
R	T	C	G	N	K	P	A	C	Ć	R	Z	G	O	J	Y
E	N	Z	H	A	S	A	M	H	Ł	J	O	R	P	A	Z
M	V	U	U	N	G	L	V	N	R	R	O	V	O	P	B
U	Y	D	F	W	Ł	C	G	I	X	V	V	Q	R	J	J
N	J	C	T	Ó	L	Z	E	A	M	M	P	T	C	J	Y
V	F	M	G	R	T	R	Ó	J	K	Ą	T	Q	J	D	U
C	P	V	R	Z	V	V	E	F	S	A	Z	Z	A	Q	Q
S	Y	M	K	O	B	L	I	C	Z	E	Ń	G	X	S	Z

KĄT
OBLICZEŃ
KOŁO
KRZYWA
ŚREDNICA
WYMIAR
RÓWNANIE
WYSOKOŚĆ
POZIOMY
LOGIKA

MASA
MEDIANA
NUMER
RÓWNOLEGŁY
PROPORCJA
CZŁON
POWIERZCHNIA
SYMETRIA
TEORIA
TRÓJKĄT

61 - Creativity

W	O	C	P	W	X	J	S	O	Z	S	P	P	D	A	E
G	Y	Ł	S	Y	M	O	P	B	Q	P	R	Ł	R	R	N
P	W	R	X	I	L	A	M	R	I	O	Z	Y	A	T	I
N	R	W	A	Z	H	Ć	U	A	U	N	E	N	M	Y	N
F	A	Y	I	Ż	Ł	Ś	Ł	Z	M	T	J	N	A	S	T
P	Ż	N	N	D	E	O	U	J	I	A	R	O	T	T	E
E	E	A	Ź	B	N	N	Ł	K	E	N	Z	Ś	Y	Y	N
H	N	L	A	E	J	Z	I	W	J	I	Y	Ć	C	C	S
I	I	A	R	J	T	C	H	E	Ę	C	S	A	Z	Z	Y
N	E	Z	B	C	A	Y	W	I	T	Z	T	W	N	N	W
T	B	C	O	O	G	T	F	C	N	N	O	L	Y	Y	N
U	J	Z	Y	M	R	N	B	U	O	Y	Ś	L	W	M	O
I	P	Y	W	E	W	E	B	Z	Ś	G	Ć	U	T	C	Ś
C	U	P	S	K	G	T	I	C	Ć	L	D	N	W	K	Ć
J	T	K	N	V	S	U	P	U	Z	O	V	X	K	J	K
A	R	L	V	O	S	A	J	C	A	R	I	P	S	N	I

ARTYSTYCZNY
AUTENTYCZNOŚĆ
PRZEJRZYSTOŚĆ
DRAMATYCZNY
EMOCJE
WYRAŻENIE
PŁYNNOŚĆ
POMYSŁY
OBRAZ
WYOBRAŹNIA
WRAŻENIE
INSPIRACJA
INTENSYWNOŚĆ
INTUICJA
WYNALAZCZY
UCZUCIE
UMIEJĘTNOŚĆ
SPONTANICZNY
WIZJE

62 - Airplanes

F	S	L	Y	Q	F	T	Z	P	R	Z	Y	G	O	D	A
G	G	I	K	I	V	K	E	N	U	R	E	I	K	W	S
P	F	Z	T	N	E	E	J	M	M	R	N	B	M	O	S
P	A	W	O	D	U	B	Ś	J	G	S	C	H	O	D	L
O	I	L	L	Y	W	V	C	E	S	M	F	C	K	Ó	Ą
W	R	U	I	X	J	G	I	H	O	Z	W	N	V	R	D
I	O	G	P	W	N	Y	E	N	X	O	E	G	O	E	O
E	T	X	A	J	O	A	T	M	O	S	F	E	R	A	W
T	S	X	K	D	L	B	K	M	K	S	C	G	E	G	A
R	I	J	C	F	A	I	E	S	W	T	E	O	Ż	O	N
Z	H	T	O	F	B	H	J	I	Ś	K	R	K	A	Ł	I
E	T	G	B	Y	V	A	O	L	N	M	I	C	S	A	E
R	Ł	J	V	S	P	P	R	N	V	C	I	Ł	A	Z	U
A	V	J	Ł	K	Y	V	P	I	L	Y	Z	G	P	A	E
W	Y	S	O	K	O	Ś	Ć	K	S	M	V	P	Ł	X	T
T	U	R	B	U	L	E	N	C	J	A	J	C	E	A	U

PRZYGODA
POWIETRZE
ATMOSFERA
BALON
BUDOWA
ZAŁOGA
ZEJŚCIE
PROJEKT
KIERUNEK
SILNIK
PALIWO
WYSOKOŚĆ
HISTORIA
WODÓR
LĄDOWANIE
PASAŻER
PILOT
ŚMIGŁA
NIEBO
TURBULENCJA

63 - Ocean

G	Ą	B	K	A	E	D	X	X	L	Z	F	S	Y	S	K
Q	B	Y	R	O	L	E	I	W	S	O	B	Q	V	Z	U
Y	C	G	S	Y	W	Y	Ł	P	C	L	R	Z	F	M	G
B	V	F	Z	Ł	B	P	B	Q	R	E	K	I	N	K	Q
Q	B	U	R	Z	A	A	R	H	B	E	B	W	I	Z	L
E	O	E	J	I	Z	O	Q	B	L	P	G	B	F	W	D
O	Ś	M	I	O	R	N	I	C	A	V	L	L	L	F	E
Z	C	I	R	K	O	L	Z	B	R	R	J	U	E	X	Y
O	T	J	A	A	G	C	Q	V	O	W	K	Z	D	Ł	M
M	S	I	F	B	Ę	H	O	V	K	O	Ł	Y	J	Q	E
E	O	T	A	S	W	Ł	Ó	Ż	T	U	Ń	C	Z	Y	K
D	R	Q	R	D	W	A	X	Q	S	A	N	T	D	K	K
U	O	N	S	Y	N	O	L	G	Ó	K	N	U	Z	E	A
Z	D	Z	G	O	G	E	B	F	L	K	X	Q	Z	V	J
A	O	T	I	X	A	A	K	T	E	W	E	R	K	F	U
D	W	B	X	X	U	Z	M	G	Z	M	X	Q	X	F	S

GLONY
KORAL
KRAB
DELFIN
WĘGORZ
RYBA
MEDUZA
OŚMIORNICA
OSTRYGA
RAFA
SÓL
WODOROST
REKIN
KREWETKA
GĄBKA
BURZA
PŁYWY
TUŃCZYK
ŻÓŁW
WIELORYB

64 - Force and Gravity

X	T	Y	J	F	Ł	Z	H	I	F	X	E	H	A	Q	J
P	R	Ę	D	K	O	Ś	Ć	Ś	O	Ł	G	E	L	D	O
T	K	E	G	Z	X	Y	N	Z	C	I	M	A	N	Y	D
A	T	I	U	J	P	C	H	O	H	T	Ł	J	Z	X	K
M	E	C	H	A	N	I	K	A	Ś	O	D	S	P	M	N
S	A	Ś	L	Ł	T	C	I	Ś	N	I	E	N	I	E	R
Ć	Ś	O	K	L	E	I	W	C	V	C	W	A	C	O	U
O	I	W	K	T	N	K	B	P	O	Z	A	P	E	V	C
G	Z	I	I	X	U	R	D	R	K	A	G	S	N	L	H
U	K	C	W	J	H	W	F	L	O	S	A	K	T	Q	A
Q	Q	Ś	B	P	O	D	K	R	Y	C	I	E	R	V	I
H	T	A	A	M	Ł	G	F	I	Z	Y	K	A	U	Ł	M
J	T	Ł	W	M	Z	Y	T	E	N	G	A	M	M	K	H
X	E	W	G	C	D	A	W	J	X	T	A	R	C	I	E
U	U	N	I	W	E	R	S	A	L	N	Y	Y	P	G	G
G	P	K	L	C	M	O	C	X	O	E	T	A	R	Ł	F

OŚ
CENTRUM
ODKRYCIE
ODLEGŁOŚĆ
DYNAMICZNY
EKSPANSJA
TARCIE
WPŁYW
MAGNETYZM
WIELKOŚĆ
MECHANIKA
RUCH
ORBITA
FIZYKA
CIŚNIENIE
WŁAŚCIWOŚCI
PRĘDKOŚĆ
CZAS
UNIWERSALNY
WAGA

65 - Birds

J	Ł	H	J	Ł	V	U	K	P	C	W	F	G	K	A	M
T	F	A	W	A	Y	J	W	A	Z	F	P	D	J	X	D
U	H	J	Q	N	J	J	A	K	A	Z	C	R	U	K	V
K	D	U	X	G	X	K	H	G	P	H	E	D	V	O	Z
A	G	V	D	N	B	W	O	J	L	A	K	Z	C	A	K
N	Y	P	A	N	O	R	W	I	A	G	D	U	H	O	Z
B	R	R	B	S	C	Ó	T	Ł	A	U	M	I	Ł	Ł	U
Z	L	K	G	M	I	B	D	M	T	P	J	S	F	F	Y
M	L	Y	J	V	A	E	K	E	R	A	N	A	K	D	Ł
L	Q	N	Z	X	N	L	O	W	A	P	T	G	M	I	Q
P	E	L	I	K	A	N	Z	A	Ł	A	B	Ę	D	Ź	S
O	J	J	Z	W	I	T	N	H	S	E	U	Y	Ł	A	T
Y	R	Y	Ś	Ę	G	N	I	M	A	L	F	Z	Ł	M	R
G	N	Z	M	Z	V	N	V	K	U	K	U	Ł	K	A	U
J	V	N	E	D	F	X	I	W	C	X	R	X	V	W	Ś
O	S	G	I	Ł	P	W	P	P	C	B	X	N	T	S	O

KANAREK
KURCZAK
WRONA
KUKUŁKA
KACZKA
ORZEŁ
JAJKO
FLAMING
GĘŚ
MEWA
CZAPLA
STRUŚ
PAPUGA
PAW
PELIKAN
PINGWIN
WRÓBEL
BOCIAN
ŁABĘDŹ
TUKAN

66 - Nutrition

O	Ł	I	Ł	S	C	K	A	B	P	H	H	W	P	N	R
B	R	B	S	A	M	R	D	S	R	I	E	Ę	Q	A	L
S	E	R	A	K	Ł	A	I	B	K	B	K	G	L	W	X
Y	I	C	N	Ć	Ś	O	K	A	J	K	A	L	X	Y	G
W	N	W	I	K	Z	R	O	G	X	G	L	O	R	K	T
F	E	R	M	E	N	T	A	C	J	A	O	W	P	I	O
Ł	I	G	A	W	A	G	A	Z	N	N	R	O	Ł	J	K
N	W	O	T	E	O	F	A	M	Q	U	I	D	Y	A	S
I	A	B	I	O	O	U	T	M	Y	T	E	A	N	D	Y
Z	R	Ó	W	N	O	W	A	Ż	O	N	Y	N	Y	A	N
F	T	U	Z	A	S	M	D	I	E	T	A	Y	W	L	A
S	O	Q	C	T	P	O	R	D	M	T	K	W	O	N	V
K	O	X	G	E	H	E	S	O	S	S	J	B	R	Y	M
Z	D	R	O	W	I	E	T	E	L	F	A	G	D	F	N
C	Ł	J	Y	I	M	E	R	Y	F	Q	M	G	Z	P	T
K	P	E	G	N	N	D	C	G	T	F	B	R	R	A	P

APETYT
ZRÓWNOWAŻONY
GORZKI
KALORIE
WĘGLOWODANY
DIETA
TRAWIENIE
JADALNY
FERMENTACJA
SMAK
NAWYKI
ZDROWIE
ZDROWY
PŁYNY
BIAŁKA
JAKOŚĆ
SOS
TOKSYNA
WITAMINA
WAGA

67 - Hiking

X	P	T	F	U	E	U	G	N	I	P	M	E	K	O	S
V	R	D	J	A	B	E	Ó	W	K	N	U	I	Z	D	Ł
K	Z	J	G	V	B	I	R	X	I	V	A	P	A	M	O
L	E	U	X	D	L	N	A	E	Z	Ł	Y	T	U	B	Ń
I	W	C	K	C	D	E	F	I	D	R	R	I	U	W	C
F	O	P	I	O	R	I	E	N	T	A	C	J	A	R	E
X	D	Z	A	Ę	A	M	X	A	Ą	I	V	O	D	G	A
V	N	Q	S	R	Ż	A	V	W	Z	N	Ł	G	O	O	O
R	I	C	P	B	K	K	V	O	R	E	T	I	W	H	E
S	K	I	Y	R	J	I	I	T	E	Ż	O	Ł	I	W	G
A	I	X	U	C	D	P	T	O	I	O	C	V	J	E	D
Z	M	Ę	C	Z	O	N	Y	G	W	R	Z	B	Z	L	G
E	I	F	A	D	J	N	Z	Y	Z	G	H	E	J	T	Q
A	T	P	J	C	V	Ł	C	Z	T	A	M	I	L	K	K
H	V	M	O	G	W	L	Z	R	G	Z	K	C	M	T	K
M	Q	Z	O	R	G	N	S	P	Y	X	A	Ł	H	T	F

ZWIERZĄT
BUTY
KEMPING
KLIF
KLIMAT
PRZEWODNIKI
ZAGROŻENIA
CIĘŻKI
MAPA
GÓRA
NATURA
ORIENTACJA
PARKI
PRZYGOTOWANIE
KAMIENIE
SZCZYT
SŁOŃCE
ZMĘCZONY
WODA
DZIKI

68 - Professions #1

P	J	U	B	I	L	E	R	A	S	T	R	O	N	O	M
S	F	A	R	G	O	T	R	A	K	M	F	G	G	I	Y
Y	B	O	P	E	H	Y	D	R	A	U	L	I	K	H	G
C	I	S	M	O	N	M	L	K	K	R	A	W	I	E	C
H	F	V	Q	L	W	E	R	R	E	D	A	K	T	O	R
O	G	W	K	O	D	W	R	G	Ł	P	Z	H	I	D	X
L	B	W	Ł	G	G	H	X	T	U	Ł	L	I	C	W	U
O	Z	R	E	C	N	A	T	B	O	Z	Q	T	B	V	M
G	Y	O	J	M	Z	F	Ł	Z	D	O	I	D	A	B	A
Y	W	D	V	S	Z	R	A	K	E	L	G	W	N	R	D
P	I	A	N	I	S	T	A	I	Ł	E	L	V	K	Q	W
E	L	S	A	K	R	A	I	N	G	Ę	L	E	I	P	O
N	Ś	A	M	U	Z	Y	K	W	Y	S	H	E	E	Q	K
U	Y	B	Q	E	A	Ł	I	A	T	R	Z	E	R	F	A
V	M	M	M	U	Y	W	A	R	C	M	A	C	Z	O	T
Z	B	A	J	R	M	D	G	P	C	A	N	M	E	Y	I

- AMBASADOR
- ASTRONOM
- ADWOKAT
- BANKIER
- KARTOGRAF
- TRENER
- TANCERZ
- LEKARZ
- REDAKTOR
- GEOLOG
- MYŚLIWY
- JUBILER
- PRAWNIK
- MUZYK
- PIELĘGNIARKA
- PIANISTA
- HYDRAULIK
- PSYCHOLOG
- MARYNARZ
- KRAWIEC

69 - Barbecues

V	O	T	I	G	W	T	Q	Q	Q	X	M	F	O	B	L
S	J	T	Ł	S	Ł	I	G	Y	V	Z	W	E	I	J	U
J	Ł	N	K	O	A	Ó	D	Y	N	D	A	H	A	G	V
B	M	A	K	S	X	Ł	D	E	G	R	Y	D	R	E	Y
W	S	N	W	T	Q	O	A	R	L	B	Q	T	N	L	V
D	Z	I	E	C	I	W	I	T	B	C	Ł	D	U	E	B
G	Z	Z	R	S	C	O	B	Ł	K	P	E	I	C	I	S
R	B	D	C	X	S	C	O	U	I	I	P	I	E	C	Ó
I	S	O	S	Ż	Y	W	N	O	Ś	Ć	Z	O	T	A	L
L	N	R	M	U	Z	Y	K	A	T	S	B	M	W	J	Ł
L	C	A	C	R	A	U	F	Y	W	S	C	P	A	Y	P
P	O	M	I	D	O	R	Y	C	Ą	R	O	G	R	Z	Z
K	U	R	C	Z	A	K	N	R	L	G	Ł	Q	Z	R	P
S	Ł	A	R	F	J	E	O	A	H	A	A	E	Y	P	A
P	V	Z	Q	R	E	X	Ż	Y	O	Q	L	S	W	V	W
K	R	D	A	P	H	V	E	S	E	V	V	B	A	O	M

KURCZAK
DZIECI
OBIAD
RODZINA
ŻYWNOŚĆ
WIDELCE
PRZYJACIELE
OWOC
GRY
GRILL
GORĄCY
GŁÓD
NOŻE
MUZYKA
SAŁATKI
SÓL
SOS
LATO
POMIDORY
WARZYWA

70 - Vegetables

W	D	H	N	G	U	A	M	C	V	C	R	S	M	R	P
F	R	E	S	O	Ł	T	J	W	X	E	L	V	A	Z	I
F	P	L	U	A	I	N	Y	D	Q	B	F	Z	R	O	E
A	L	R	K	R	Ł	P	V	Y	R	U	Ł	H	C	D	T
H	M	G	U	Z	R	A	O	D	K	L	R	F	H	K	R
C	R	B	P	R	H	I	T	M	S	A	G	Z	E	I	U
O	G	Ó	R	E	K	X	R	K	I	Z	F	N	W	E	S
R	R	C	Z	O	S	N	E	K	A	D	P	V	K	W	Z
G	Z	N	S	P	F	A	L	K	D	R	O	I	A	K	K
V	E	E	S	W	P	Ż	E	I	O	C	P	R	N	A	A
Q	P	K	M	Q	L	A	S	Z	O	E	Y	Y	U	A	L
I	A	X	B	Y	Q	Ł	K	A	R	C	Z	O	C	H	K
H	Ł	Q	E	L	N	K	R	O	I	F	A	L	A	K	D
H	A	K	T	O	L	A	Z	S	B	Y	Z	R	G	R	C
X	Z	V	G	C	T	B	D	A	M	W	P	E	U	Ł	O
B	R	O	K	U	Ł	Y	I	Ł	I	W	O	E	Q	M	J

KARCZOCH
BROKUŁY
MARCHEWKA
KALAFIOR
SELER
OGÓREK
BAKŁAŻAN
CZOSNEK
IMBIR
GRZYB
CEBULA
PIETRUSZKA
GROCH
DYNIA
RZODKIEWKA
SAŁATKA
SZALOTKA
SZPINAK
POMIDOR
RZEPA

71 - The Media

Q	Ł	R	R	G	A	Z	E	T	Y	W	O	R	F	Y	C
O	K	S	Ł	E	K	O	M	E	R	C	Y	J	N	E	I
S	O	Ł	P	J	K	X	B	L	O	K	A	L	N	Y	N
C	J	P	Y	D	S	L	E	D	U	K	A	C	J	A	T
X	M	N	I	Y	N	A	A	X	J	M	D	B	E	T	E
W	S	Z	O	N	A	J	Y	M	W	H	R	Q	F	Y	L
O	X	R	F	B	I	C	A	T	Y	F	M	J	Z	J	E
W	B	Ł	E	N	L	A	U	D	I	W	Y	D	N	I	K
Y	J	R	L	X	T	K	R	P	Q	R	P	N	R	H	T
D	O	J	A	P	E	I	A	L	D	F	L	D	D	R	U
A	R	U	B	Z	I	N	D	A	O	A	S	P	Q	V	A
N	U	S	Y	Q	Y	U	I	P	Q	K	I	B	Z	M	L
I	W	E	M	G	M	M	O	B	R	T	E	J	Y	N	N
E	W	E	Y	D	F	O	T	K	P	Y	Ć	L	C	O	Y
O	N	L	I	N	E	K	P	O	S	T	A	W	Y	W	A
R	P	R	Z	E	M	Y	S	Ł	N	H	L	S	V	V	P

REKLAMY
POSTAWY
KOMERCYJNE
KOMUNIKACJA
CYFROWY
WYDANIE
EDUKACJA
FAKTY
OBRAZY
INDYWIDUALNE
PRZEMYSŁ
INTELEKTUALNY
LOKALNY
SIEĆ
GAZETY
ONLINE
OPINIA
RADIO

72 - Boats

S	L	D	K	E	U	K	F	J	C	L	I	N	A	J	O
T	A	M	D	D	A	N	O	S	I	L	N	I	K	M	D
C	J	O	Z	X	U	P	T	T	Z	S	A	M	E	M	R
F	Ł	R	X	Q	N	Q	M	Ł	W	P	V	W	W	V	C
E	O	Z	C	V	F	E	Y	A	X	I	B	J	U	D	B
H	C	E	O	N	J	U	N	M	R	G	C	E	W	Y	E
F	A	L	A	Y	Q	I	Z	F	B	Y	O	A	U	E	R
E	B	W	O	G	T	H	C	A	J	Ż	N	A	E	C	O
U	D	K	G	H	X	P	Y	Q	L	A	P	A	M	Q	Ł
I	Q	A	W	T	A	R	T	N	R	G	Ł	Y	R	T	A
O	X	J	N	I	D	T	U	D	E	L	A	F	W	Z	Ł
P	H	A	K	E	Z	R	A	T	V	Ó	M	V	M	V	R
B	O	K	B	P	M	C	N	G	Y	W	X	R	L	J	A
D	L	Z	O	R	O	I	Z	E	J	K	D	Z	A	L	F
U	E	H	J	E	R	P	O	Z	D	A	T	O	K	L	Y
Q	F	R	A	T	P	V	Z	A	Ł	O	G	A	K	E	Y

KOTWICA
BOJA
ZAŁOGA
DOK
SILNIK
PROM
KAJAK
JEZIORO
MASZT
NAUTYCZNY
OCEAN
TRATWA
RZEKA
LINA
ŻAGLÓWKA
MARYNARZ
MORZE
FALA
FALE
JACHT

73 - Activities and Leisure

A	N	F	G	A	K	W	Ó	K	Y	Z	S	O	K	W	H
Z	P	X	X	O	Q	G	Z	M	B	I	I	G	N	Ę	Y
N	L	T	J	I	L	Q	U	W	B	P	N	R	W	D	Z
P	N	N	T	P	Ł	F	I	X	O	Ł	E	O	N	K	X
I	H	Y	Y	F	C	U	B	D	H	Y	T	D	M	A	O
Ł	E	J	I	K	W	Ó	R	D	Ę	W	V	N	M	R	W
K	M	A	L	A	R	S	T	W	O	A	I	I	J	S	Y
A	E	I	N	A	W	O	K	R	U	N	B	C	S	T	Ś
N	S	P	P	O	Ł	G	Z	E	S	I	O	T	U	W	C
O	L	Z	O	U	G	N	I	P	M	E	K	W	R	O	I
Ż	F	L	T	D	K	C	B	E	I	Ł	S	O	F	A	G
N	G	D	S	U	R	E	I	A	M	J	M	M	I	O	I
A	Ł	N	J	C	K	Ó	S	U	F	H	U	J	N	G	I
G	I	Y	C	Ą	J	A	Ż	Ę	R	P	D	O	G	Y	R
M	R	B	A	S	E	B	A	L	L	W	X	N	B	F	X
S	I	A	T	K	Ó	W	K	A	I	O	Z	Ł	D	Z	L

SZTUKA
BASEBALL
KOSZYKÓWKA
BOKS
KEMPING
NURKOWANIE
WĘDKARSTWO
OGRODNICTWO
GOLF
WĘDRÓWKI
HOBBY
MALARSTWO
WYŚCIGI
ODPRĘŻAJĄCY
PIŁKA NOŻNA
SURFING
PŁYWANIE
TENIS
PODRÓŻ
SIATKÓWKA

74 - Driving

S	G	Ł	W	D	L	L	U	Q	T	F	L	V	M	P	I
S	L	Q	G	U	E	F	Ł	P	L	G	W	P	O	R	W
C	I	Ę	Ż	A	R	Ó	W	K	A	C	P	I	T	Ę	U
T	U	N	E	L	Y	E	Ł	A	Z	R	S	J	O	D	T
D	O	Y	R	H	A	W	Y	P	A	D	E	K	C	K	R
X	U	X	J	U	J	S	Z	K	G	T	C	F	Y	O	A
H	F	R	A	J	C	N	E	C	I	L	L	P	K	Ś	N
D	R	O	G	A	I	H	D	X	L	M	U	U	L	Ć	S
S	N	C	C	Z	L	C	D	W	Q	G	M	Y	E	S	P
B	I	Ł	M	G	O	G	R	R	U	J	A	S	Ł	F	O
G	A	R	A	Ż	P	O	X	J	O	H	H	U	I	S	R
S	A	M	O	C	H	Ó	D	M	C	G	M	N	Y	P	T
U	L	I	C	A	P	A	L	I	W	O	O	A	O	G	Y
S	I	L	N	I	K	P	L	W	T	W	O	W	P	N	Z
K	I	E	R	O	W	C	A	B	E	Z	S	C	Y	A	W
P	I	E	S	Z	Y	T	Q	D	I	W	N	A	W	J	Ł

WYPADEK
HAMULCE
SAMOCHÓD
KIEROWCA
PALIWO
GARAŻ
GAZ
LICENCJA
MAPA
SILNIK
MOTOCYKL
PIESZY
POLICJA
DROGA
PRĘDKOŚĆ
ULICA
RUCH DROGOWY
TRANSPORT
CIĘŻARÓWKA
TUNEL

75 - Biology

S	J	E	Z	O	G	X	A	I	R	E	T	K	A	B	N
O	Y	C	Y	Y	C	P	I	U	M	Y	W	N	V	K	A
G	S	M	W	L	N	O	M	R	O	H	R	G	Q	Ł	T
A	G	M	B	F	O	T	O	S	Y	N	T	E	Z	A	U
D	R	D	O	I	H	G	T	B	G	E	K	O	S	J	R
F	G	O	M	Z	O	B	A	I	Ł	G	C	Z	N	C	A
K	E	D	O	R	A	Z	N	A	N	A	T	Ł	K	A	L
A	Z	Z	S	X	J	D	A	Ł	E	L	R	V	O	T	N
S	T	W	O	H	C	R	C	K	U	O	V	P	M	U	Y
S	G	J	M	F	U	Q	X	O	R	K	Y	W	Ó	M	L
L	L	Ł	O	L	L	S	L	M	O	C	H	F	R	T	X
X	K	J	R	A	O	R	R	E	N	G	F	F	K	E	F
C	B	Z	H	F	W	Z	F	N	J	E	S	I	A	R	N
M	X	F	C	J	E	B	P	Z	S	Y	N	A	P	S	A
E	S	A	F	V	X	R	Z	Y	I	S	U	K	E	G	F
M	M	B	G	Ł	B	A	S	M	W	G	N	C	M	R	E

ANATOMIA
BAKTERIA
KOMÓRKA
CHROMOSOM
KOLAGEN
ZARODEK
ENZYM
EWOLUCJA
HORMON
SSAK
MUTACJA
NATURALNY
NERW
NEURON
OSMOZA
FOTOSYNTEZA
BIAŁKO
GAD
SYMBIOZA
SYNAPSA

76 - Professions #2

X	M	N	Q	D	N	B	J	Z	Q	G	U	Q	P	J	L
C	A	P	I	L	O	T	Z	E	O	S	N	Ł	V	Ę	N
H	L	M	W	L	L	G	J	P	Y	O	I	K	H	Z	A
I	A	D	Z	E	B	D	Y	G	P	J	L	A	D	Y	U
R	R	E	V	K	I	N	L	O	R	P	S	O	J	K	C
U	Z	N	W	A	C	Z	A	L	A	N	Y	W	G	O	Z
R	A	T	Y	R	O	T	A	R	T	S	U	L	I	Z	Y
G	P	Y	T	Z	O	G	R	O	D	N	I	K	J	N	C
I	W	S	K	F	O	T	O	G	R	A	F	Ł	Z	A	I
W	F	T	E	I	N	Ż	Y	N	I	E	R	D	V	W	E
U	O	A	T	A	A	U	H	Z	S	B	R	W	S	C	L
D	Z	I	E	N	N	I	K	A	R	Z	I	A	M	A	Z
J	O	B	D	U	T	C	P	N	L	R	H	O	H	Z	D
V	L	A	S	T	R	O	N	A	U	T	A	E	L	Z	Q
N	I	B	I	B	L	I	O	T	E	K	A	R	Z	O	Ł
Z	F	B	O	S	K	Y	Z	I	G	G	H	D	U	B	G

ASTRONAUTA
BIOLOG
DENTYSTA
DETEKTYW
INŻYNIER
ROLNIK
OGRODNIK
ILUSTRATOR
WYNALAZCA
DZIENNIKARZ
BIBLIOTEKARZ
JĘZYKOZNAWCA
MALARZ
FILOZOF
FOTOGRAF
LEKARZ
PILOT
CHIRURG
NAUCZYCIEL
ZOOLOG

77 - Mythology

P	C	Q	Z	Y	O	Z	R	F	F	G	K	B	F	Ś	Z
G	W	B	T	U	P	R	N	U	G	A	N	O	J	M	A
T	Q	O	R	Ć	L	S	J	A	K	I	I	H	A	I	C
L	T	B	P	Ś	I	M	X	D	M	N	E	A	F	E	H
Z	S	T	W	O	R	Z	E	N	I	E	B	T	S	R	O
M	Z	Y	T	R	Q	G	W	E	U	Z	O	E	I	T	W
B	G	V	S	D	P	F	B	G	B	R	T	R	Ł	E	A
Z	W	Z	Ó	Z	Z	O	G	E	H	E	O	D	A	L	N
R	E	E	B	A	N	V	T	L	A	I	M	I	Ł	N	I
T	J	M	X	Z	K	C	M	W	C	W	Z	A	P	Y	E
P	B	I	S	H	Q	V	H	J	Ó	G	R	I	Q	G	M
C	X	P	Y	T	E	H	C	R	A	R	G	W	E	T	S
X	J	G	H	M	A	F	O	R	T	S	A	T	A	K	Q
L	A	B	I	R	Y	N	T	W	O	J	O	W	N	I	K
R	O	T	B	M	X	S	E	T	O	Q	V	N	S	H	L
K	R	E	A	C	J	A	R	U	T	L	U	K	W	J	A

ARCHETYP
ZACHOWANIE
WIERZENIA
KREACJA
STWORZENIE
KULTURA
BÓSTW
KATASTROFA
NIEBO
BOHATER
ZAZDROŚĆ
LABIRYNT
LEGENDA
PIORUN
POTWÓR
ŚMIERTELNY
ZEMSTA
SIŁA
GRZMOT
WOJOWNIK

78 - Agronomy

R	F	I	O	B	Ł	Ł	W	M	C	Y	S	N	P	R	O
G	O	X	Y	E	F	X	A	D	O	W	H	A	I	X	C
N	K	L	I	A	I	G	R	E	N	E	Y	S	Q	L	V
C	Z	F	N	E	S	L	Z	Ó	W	A	N	I	E	B	O
H	V	Z	L	I	T	X	Y	R	A	J	Z	O	R	E	H
U	I	Y	Y	N	C	R	W	M	W	C	C	N	X	E	Ł
W	F	Q	J	A	S	T	A	D	Z	K	I	A	P	K	I
C	I	N	Ł	D	C	L	W	R	R	U	N	S	X	O	Z
I	H	E	N	A	M	S	F	O	O	D	A	J	T	L	C
D	V	O	J	B	G	R	D	L	S	O	G	C	G	O	Ż
I	I	Y	R	S	U	K	C	A	T	R	R	O	E	G	Y
Q	H	D	I	O	K	B	V	L	H	P	O	D	T	I	W
N	A	U	K	A	B	I	R	O	Ś	L	I	N	Y	A	N
G	A	F	I	O	N	Y	M	E	T	S	Y	S	M	F	O
S	S	I	D	E	N	T	Y	F	I	K	A	C	J	A	Ś
Ś	R	O	D	O	W	I	S	K	O	J	Z	Z	W	D	Ć

ROLNICTWO
CHOROBY
EKOLOGIA
ENERGIA
ŚRODOWISKO
EROZJA
NAWÓZ
ŻYWNOŚĆ
WZROST
IDENTYFIKACJA
ORGANICZNY
ROŚLINY
PRODUKCJA
WIEJSKI
NAUKA
NASIONA
BADANIE
SYSTEMY
WARZYWA
WODA

79 - Hair Types

P	Y	W	S	C	W	C	G	M	J	P	N	Q	Z	B	L
P	Z	P	Z	Z	E	W	O	R	O	L	O	K	J	Ł	B
H	L	L	A	A	O	I	K	P	U	K	C	I	X	Y	I
V	Z	R	R	R	Ł	Y	S	Y	B	B	N	Q	C	S	Q
R	B	T	Y	N	N	W	G	N	H	O	Y	H	I	Z	G
U	W	A	H	Y	Y	O	Ł	O	Q	O	S	Y	E	C	K
M	N	E	V	O	Q	Z	K	I	K	O	L	O	N	Z	J
C	G	Ł	A	C	E	Ą	D	C	Ł	X	U	C	K	Ą	F
C	X	I	K	T	Ó	R	K	E	R	J	V	A	I	C	F
M	F	A	N	Ł	S	B	S	L	Z	R	E	K	M	Y	A
D	T	X	R	G	D	X	X	P	O	C	N	G	V	Ł	L
N	Ł	K	E	A	U	K	H	Z	D	R	O	W	Y	A	I
O	Ł	U	C	J	O	H	A	K	H	Q	C	K	G	I	S
L	B	O	G	O	T	R	V	Z	W	R	Ę	D	R	B	T
B	L	Z	F	I	K	K	Ę	I	M	S	R	D	O	A	Y
M	D	F	Z	Y	E	S	U	C	H	Y	K	M	Q	M	W

ŁYSY
CZARNY
BLOND
PLECIONY
WARKOCZE
BRĄZOWY
KOLOROWE
LOKI
KRĘCONE
SUCHY
SZARY
ZDROWY
DŁUGIE
BŁYSZCZĄCY
KRÓTKI
MIĘKKI
GRUBY
CIENKI
FALISTY
BIAŁY

80 - Garden

T	P	D	M	H	T	R	A	W	N	I	K	K	Z	K	X
C	R	E	Z	S	A	R	A	T	D	O	A	W	S	B	K
H	Ł	A	G	P	G	M	C	I	S	X	Z	I	Z	I	F
W	V	B	M	Q	G	V	A	Q	T	T	R	A	W	D	I
A	T	R	H	P	S	B	F	K	A	I	K	T	A	J	W
S	Ł	E	L	A	O	X	I	Z	W	Ł	O	P	A	T	A
T	Ł	Ł	N	B	L	L	Ś	O	R	O	N	I	W	K	L
Y	M	K	M	G	C	E	I	N	E	Z	D	O	R	G	O
M	A	P	W	A	S	I	T	N	B	W	A	Y	F	B	W
Ł	D	F	L	N	G	B	Y	W	A	C	S	H	R	J	J
P	A	O	G	E	H	A	M	M	G	A	R	A	Ż	L	S
Ż	Ą	W	L	K	M	R	P	S	B	B	N	R	H	T	P
O	P	E	K	L	P	G	C	L	Q	D	J	R	U	F	T
V	R	Z	O	A	V	Ł	U	N	E	P	I	W	K	L	P
I	G	R	T	R	A	W	A	N	A	J	Q	M	N	P	W
D	V	D	Ó	R	G	O	S	C	E	E	Z	P	S	H	T

ŁAWKA
KRZAK
OGRODZENIE
KWIAT
GARAŻ
OGRÓD
TRAWA
HAMAK
WĄŻ
TRAWNIK

SAD
STAW
GANEK
GRABIE
ŁOPATA
TARAS
TRAMPOLINA
DRZEWO
WINOROŚL
CHWASTY

81 - Diplomacy

P	R	K	M	V	F	M	A	M	B	A	S	A	D	A	P
O	M	T	R	H	M	R	A	M	B	A	S	A	D	O	R
L	V	E	D	S	B	Ł	E	L	E	T	A	W	Y	B	O
I	K	Y	Z	Ę	J	C	A	Z	D	O	R	A	D	C	A
T	K	T	R	A	K	T	A	T	O	O	I	L	Z	V	W
Y	H	S	R	I	J	Ł	G	K	O	L	S	S	D	R	S
K	H	F	L	W	W	Q	Y	E	F	O	U	W	B	Z	P
A	K	Y	T	E	R	G	R	H	Q	S	G	C	A	K	Ó
V	Z	J	D	E	T	R	P	I	G	A	P	H	J	V	Ł
Z	X	E	Y	N	R	A	T	I	N	A	M	U	H	A	P
J	C	E	S	Ć	Ś	O	W	I	C	Z	C	U	P	F	R
N	B	Ł	K	H	D	K	Y	Y	Q	C	E	R	D	A	A
Q	L	H	U	H	U	K	M	O	B	O	E	Ł	Z	N	C
X	I	C	S	R	L	X	M	L	D	O	O	I	O	Ą	A
J	I	K	J	K	O	N	F	L	I	K	T	L	B	Ł	D
E	I	N	A	Z	Ą	I	W	Z	O	R	X	U	M	Y	Z

DORADCA
AMBASADOR
OBYWATELE
OBYWATELSKI
KONFLIKT
WSPÓŁPRACA
DYSKUSJA
AMBASADA
ETYKA
RZĄD
HUMANITARNY
UCZCIWOŚĆ
JĘZYKI
POLITYKA
REZOLUCJA
ROZWIĄZANIE
TRAKTAT

82 - Countries #1

V	Y	N	L	I	B	I	A	R	W	Q	A	M	W	W	B
Y	P	I	L	S	Q	Ł	F	I	W	T	T	A	I	E	R
F	I	E	G	G	Q	G	T	P	I	G	E	R	E	N	A
R	A	M	T	E	Y	L	T	Ł	A	M	Q	O	T	E	Z
P	Q	C	W	Ł	O	C	H	Y	Z	N	J	K	N	Z	Y
Q	O	Y	N	O	R	W	E	G	I	A	A	O	A	U	L
H	S	L	E	A	R	Z	I	A	N	E	Z	M	M	E	I
Y	K	G	S	U	Y	V	Q	J	H	Ł	Ł	P	A	L	A
I	L	D	R	K	N	I	K	A	R	A	G	U	A	A	K
U	V	N	S	P	A	A	I	D	N	A	L	N	I	F	R
N	X	Z	H	Y	F	D	Ł	O	T	W	A	O	V	N	I
F	H	L	Y	I	R	A	K	J	W	B	O	U	E	N	U
H	I	S	Z	P	A	N	I	A	G	X	W	Q	O	O	E
O	A	C	N	U	L	A	G	E	N	E	S	L	F	W	L
N	Z	R	Ł	X	K	K	O	P	R	U	M	U	N	I	A
H	J	G	A	N	X	F	I	O	C	G	I	A	H	R	V

BRAZYLIA
KANADA
EGIPT
FINLANDIA
NIEMCY
IRAK
IZRAEL
WŁOCHY
ŁOTWA
LIBIA
MAROKO
NIKARAGUA
NORWEGIA
PANAMA
POLSKA
RUMUNIA
SENEGAL
HISZPANIA
WENEZUELA
WIETNAM

83 - Adjectives #1

N	S	L	Z	A	M	T	X	M	Y	W	Y	N	J	O	H
O	O	E	R	V	F	Z	H	W	F	U	N	G	N	Y	J
E	Y	W	S	P	S	G	V	O	L	K	Z	M	R	E	D
A	N	Ł	O	U	C	Z	C	I	W	Y	C	B	Q	C	Ł
I	T	O	S	C	Q	R	M	J	Q	M	Y	N	N	E	C
L	U	T	Y	N	Z	C	Y	T	S	Y	T	R	A	Ł	K
P	L	R	Ł	H	F	E	P	I	Ę	K	N	Y	L	M	X
B	O	E	Z	D	A	G	S	C	Z	W	E	N	G	I	F
X	S	M	I	S	S	U	Y	N	J	Ł	D	M	T	Z	Q
D	B	Y	O	N	L	H	J	E	Y	C	I	E	N	K	I
E	A	R	R	C	S	P	U	L	Y	N	T	I	B	M	A
R	U	I	Q	H	N	N	Q	I	H	L	Ż	C	L	X	S
D	A	Y	N	Z	C	Y	T	A	M	O	R	A	E	L	E
S	Z	C	Z	Ę	Ś	L	I	W	Y	N	Ż	A	W	O	P
C	I	Ę	Ż	K	I	A	T	R	A	K	C	Y	J	N	Y
E	G	Z	O	T	Y	C	Z	N	Y	P	O	W	O	L	I

ABSOLUTNY
AMBITNY
AROMATYCZNY
ARTYSTYCZNY
ATRAKCYJNY
PIĘKNY
CIEMNY
EGZOTYCZNY
HOJNY
SZCZĘŚLIWY
CIĘŻKI
POMOCNY
UCZCIWY
IDENTYCZNY
WAŻNY
NOWOCZESNY
POWAŻNY
POWOLI
CIENKI
CENNY

84 - Global Warming

S	Y	Z	Y	R	K	C	C	Z	Z	Z	P	X	K	I	Q
Q	W	A	L	J	O	L	E	V	H	M	O	J	W	B	I
U	T	J	P	D	G	Z	I	N	I	W	P	K	T	V	S
N	D	L	I	N	G	A	W	M	R	A	U	F	S	I	M
P	O	K	C	V	T	R	O	Ó	A	N	L	J	C	T	A
T	R	H	J	Ł	W	E	K	D	J	T	A	C	I	V	I
E	O	Z	S	A	Z	T	U	Ł	T	W	C	X	T	K	N
M	W	Ł	Y	K	L	X	A	Q	Z	H	J	D	U	A	E
P	B	I	N	S	Z	I	N	U	C	X	E	P	A	D	L
E	P	L	Z	I	Z	Ś	R	O	D	O	W	I	S	K	O
R	X	P	C	L	Ł	Ł	S	Y	M	E	Z	R	P	S	K
A	V	Z	Y	D	N	W	O	E	N	E	R	G	I	A	O
T	W	S	T	E	M	O	S	Ś	Y	O	W	G	A	Z	P
U	J	F	K	I	R	Z	Ą	D	Ć	U	W	A	G	A	M
R	W	O	R	S	E	M	Q	N	C	O	Y	Y	N	H	T
Y	Q	G	A	Z	M	I	A	N	Y	D	A	N	E	N	U

ARKTYCZNY
UWAGA
ZMIANY
KLIMAT
KRYZYS
DANE
ROZWÓJ
ENERGIA
ŚRODOWISKO
PRZYSZŁOŚĆ
GAZ
POKOLENIA
RZĄD
SIEDLISKA
PRZEMYSŁ
TERAZ
POPULACJE
NAUKOWIEC
TEMPERATURY

85 - Landscapes

G	Ó	R	A	L	O	D	O	W	A	M	Y	G	A	W	R
E	T	P	Ż	L	Y	X	E	H	B	O	X	E	P	Z	M
Ł	D	H	A	H	L	C	K	B	J	R	Z	J	R	G	T
M	W	P	L	P	M	R	W	V	N	Z	P	Z	Z	Ó	J
F	P	Ó	P	Q	T	A	N	I	H	E	B	E	E	R	I
J	O	Ł	A	P	S	Y	W	J	I	K	Ł	R	K	Z	R
C	C	W	R	U	P	Ł	V	E	A	Z	A	O	A	E	M
Y	E	Y	Ó	S	K	D	Z	S	T	S	B	A	G	N	O
O	A	S	G	T	N	R	H	Ł	U	U	K	Y	D	R	E
D	N	E	S	Y	A	O	J	Ł	Z	O	N	I	L	Q	A
X	O	P	B	N	K	R	K	K	N	F	Z	D	N	L	H
O	Z	L	G	I	L	O	D	O	W	I	E	C	R	I	A
A	Q	S	I	A	U	I	R	V	R	V	R	E	Ł	A	A
Z	H	F	X	N	W	Z	W	O	D	O	S	P	A	D	T
O	I	B	A	C	A	E	R	E	O	U	O	D	Y	U	V
X	P	X	I	L	G	J	V	T	R	O	Y	X	T	T	S

PLAŻA
JASKINIA
PUSTYNIA
GEJZER
LODOWIEC
WZGÓRZE
GÓRA LODOWA
WYSPA
JEZIORO
GÓRA
OAZA
OCEAN
PÓŁWYSEP
RZEKA
MORZE
BAGNO
TUNDRA
DOLINA
WULKAN
WODOSPAD

86 - Plants

M	Ł	B	X	S	L	N	O	T	Z	V	M	P	K	J	P
N	A	X	Ł	D	A	F	X	W	U	R	Ł	M	O	D	Ł
H	A	F	K	D	S	J	A	G	O	D	A	T	G	Ł	A
P	S	U	B	M	A	B	S	T	Ł	V	Y	G	R	O	T
H	U	J	U	V	T	C	R	U	T	B	E	X	Ó	D	E
B	T	R	A	W	A	K	I	N	A	T	O	B	D	Y	K
N	K	H	N	B	I	F	B	P	Ł	H	L	L	C	G	G
L	A	A	Z	Ó	W	A	N	L	W	E	F	H	J	A	O
W	K	V	Z	X	K	S	C	R	U	D	Z	L	Q	U	Z
W	T	M	I	R	U	O	J	T	H	S	H	L	O	F	Ł
D	Ł	D	C	O	K	L	K	M	R	E	Z	I	A	R	B
J	K	R	Z	M	V	A	L	Y	U	Ł	H	C	E	M	A
F	Y	Z	I	Ł	S	F	M	B	K	D	R	Ś	Z	V	Y
P	C	E	X	H	V	O	B	W	E	M	X	I	Q	B	Z
D	M	W	Q	M	A	Ć	Ś	O	N	N	I	L	Ś	O	R
Z	Z	O	Ł	D	Ó	R	Ź	D	G	Q	D	Q	G	Q	Y

BAMBUS
FASOLA
JAGODA
BOTANIKA
KRZAK
KAKTUS
NAWÓZ
FLORA
KWIAT
LIŚCI
LAS
OGRÓD
TRAWA
BLUSZCZ
MECH
PŁATEK
ŹRÓDŁO
ŁODYGA
DRZEWO
ROŚLINNOŚĆ

87 - Countries #2

N	D	I	S	P	A	K	I	S	T	A	N	B	W	K	V
M	X	B	O	U	C	S	L	A	K	J	A	M	A	J	M
M	E	Ł	A	U	D	D	A	N	I	A	Ł	H	J	P	I
D	S	K	L	P	Ł	A	J	C	E	R	G	W	S	Ł	Y
E	S	V	S	Z	O	V	N	C	Q	K	Y	O	O	I	M
H	C	G	Z	Y	L	G	B	J	T	T	N	S	R	X	T
L	I	B	A	N	K	H	X	A	I	R	E	G	I	N	M
W	Y	T	X	Z	C	W	T	P	M	B	P	K	N	J	G
J	G	Z	A	I	L	A	M	O	S	M	T	S	S	C	L
Y	X	R	I	I	A	L	A	N	I	A	R	K	U	T	E
N	E	S	P	J	L	B	Y	I	T	I	A	H	E	Z	J
Ł	Q	I	O	E	U	A	Ł	A	I	R	E	B	I	L	G
B	A	M	I	G	S	N	P	K	H	I	L	P	N	A	A
V	S	C	T	U	E	I	Ł	V	Y	D	O	Ł	A	P	V
C	P	Y	E	G	Ł	A	D	N	A	G	U	P	R	E	G
H	X	U	A	H	F	D	U	H	D	O	A	X	Q	N	T

ALBANIA
DANIA
ETIOPIA
GRECJA
HAITI
JAMAJKA
JAPONIA
LAOS
LIBAN
LIBERIA
MEKSYK
NEPAL
NIGERIA
PAKISTAN
ROSJA
SOMALIA
SUDAN
SYRIA
UGANDA
UKRAINA

88 - Ecology

B	A	G	N	O	Z	P	X	G	H	N	Q	U	L	R	Q
J	M	A	W	N	A	Z	S	U	S	Ł	Y	F	J	O	W
X	O	E	K	E	S	Z	Z	V	I	V	U	S	Ł	Ś	K
N	Q	X	N	I	O	K	S	I	L	D	E	I	S	L	Ł
Q	A	A	Q	N	B	I	T	I	S	M	C	S	C	I	G
A	V	T	Y	A	Y	N	L	A	R	U	T	A	N	N	R
P	F	N	U	W	K	D	Z	T	M	M	U	O	H	Y	O
I	H	G	E	R	Y	Z	N	B	D	I	D	H	B	R	Ś
K	Y	W	O	T	A	I	W	Ś	X	S	L	J	Y	Ó	L
S	P	O	Ł	E	C	Z	N	O	Ś	C	I	K	F	G	I
R	V	H	G	Z	S	C	V	D	I	Ł	K	E	L	I	N
O	S	Q	Ł	R	R	C	E	W	O	K	A	N	O	Z	N
M	F	C	O	P	U	A	F	A	U	N	A	U	R	X	O
Z	R	Ó	W	N	O	W	A	Ż	O	N	Y	T	A	Q	Ś
R	Ó	Ż	N	O	R	O	D	N	O	Ś	Ć	A	Y	J	Ć
W	G	K	I	H	X	L	U	F	U	M	Ł	G	E	V	W

KLIMAT
SPOŁECZNOŚCI
RÓŻNORODNOŚĆ
SUSZA
FAUNA
FLORA
ŚWIATOWY
SIEDLISKO
MORSKI
BAGNO
GÓRY
NATURALNY
NATURA
ROŚLINY
ZASOBY
GATUNEK
PRZETRWANIE
ZRÓWNOWAŻONY
ROŚLINNOŚĆ

89 - Adjectives #2

U	S	G	I	P	Z	K	E	G	X	I	O	Z	D	R	A
T	P	U	H	K	P	D	L	Ł	X	R	Y	Z	U	L	U
A	G	T	C	Z	I	L	E	O	V	I	D	D	M	P	T
L	F	F	G	H	I	A	G	D	O	N	M	R	N	R	E
E	O	D	W	Y	Y	Y	A	N	H	J	K	A	Y	O	N
N	A	A	P	G	N	T	N	Y	Q	K	Q	M	N	D	T
T	U	Z	Ł	R	O	J	C	W	D	E	F	A	L	U	Y
O	K	F	Z	P	Ł	N	K	I	A	K	W	T	A	K	C
W	D	L	W	Y	S	R	I	D	E	Ł	M	Y	R	T	Z
A	T	K	X	O	P	I	S	O	W	Y	S	C	U	Y	N
N	X	H	G	O	R	Ą	C	Y	C	G	A	Z	T	W	Y
Y	D	Z	I	K	I	R	X	W	Y	S	Z	N	A	N	X
T	W	Ó	R	C	Z	Y	U	O	E	E	E	Y	N	Y	Q
Ł	K	F	U	P	I	Z	F	R	H	G	P	N	N	W	E
B	Y	S	I	L	N	Y	H	D	X	S	I	M	N	Z	F
M	Q	Q	K	M	O	Y	O	Z	N	O	W	Y	J	Y	O

AUTENTYCZNY
TWÓRCZY
OPISOWY
DRAMATYCZNY
SUCHY
ELEGANCKI
SŁAWNY
UTALENTOWANY
ZDROWY
GORĄCY
GŁODNY
NATURALNY
NOWY
PRODUKTYWNY
DUMNY
SŁONY
SENNY
SILNY
DZIKI

90 - Psychology

Z	M	L	O	S	O	B	O	W	O	Ś	Ć	O	E	D	P
U	C	Z	U	C	I	E	R	A	B	M	S	B	G	Z	O
T	R	P	I	Y	Z	J	Ł	Ł	V	S	B	X	O	I	D
E	Z	R	T	P	J	C	G	V	X	G	F	Z	M	E	Ś
R	E	O	Y	O	P	O	M	Y	S	Ł	Y	Y	S	C	W
A	C	B	N	S	H	M	Q	N	E	V	Ł	N	G	I	I
P	Z	L	M	T	M	E	Z	Ł	O	U	E	Z	Z	Ń	A
I	Y	E	O	R	E	X	W	O	L	J	I	C	V	S	D
A	W	M	T	Z	S	P	O	T	K	A	N	I	E	T	O
I	I	O	Y	E	X	M	L	P	J	R	A	N	I	W	M
N	S	S	Z	G	P	O	Y	H	B	Z	W	I	N	O	Y
E	T	K	R	A	H	U	F	Ś	J	K	O	L	A	I	V
Z	O	B	P	N	S	R	S	Y	L	J	H	K	N	F	A
R	Ś	Z	E	I	O	C	E	N	A	I	C	O	Z	L	T
A	Ć	L	I	E	M	K	J	Y	H	C	A	P	O	S	Z
M	K	O	N	F	L	I	K	T	A	N	Z	G	P	N	G

SPOTKANIE
OCENA
ZACHOWANIE
DZIECIŃSTWO
KLINICZNY
POZNANIE
KONFLIKT
MARZENIA
EGO
EMOCJE
POMYSŁY
POSTRZEGANIE
OSOBOWOŚĆ
PROBLEM
RZECZYWISTOŚĆ
UCZUCIE
PODŚWIADOMY
TERAPIA
MYŚLI
NIEPRZYTOMNY

91 - Math

F	H	H	J	K	I	H	U	Ś	P	O	D	Z	I	A	Ł
R	R	T	F	Ą	P	E	N	R	L	Q	R	W	R	S	O
Ó	B	A	S	T	X	L	T	E	K	N	Ó	Y	O	Y	B
W	H	R	K	Y	H	C	D	D	Ł	Q	W	K	J	M	J
N	L	D	W	C	L	M	A	N	S	L	N	Ł	T	E	Ę
O	S	A	M	M	J	X	K	I	U	F	A	A	Y	T	T
L	Q	W	Z	N	U	A	Y	C	N	M	N	D	Ł	R	O
E	L	K	D	A	W	V	T	A	E	J	I	N	G	I	Ś
G	Y	N	T	Ę	I	S	E	I	Z	D	E	I	E	A	Ć
Ł	B	O	G	G	V	R	M	V	E	I	W	K	L	F	X
O	Z	L	B	B	Z	H	T	Ą	K	O	T	S	O	R	P
B	C	E	K	W	I	V	Y	E	R	H	Y	R	N	M	M
O	I	U	S	U	Ó	P	R	O	M	I	E	Ń	W	H	H
K	L	Y	F	S	Y	D	A	F	R	O	A	U	Ó	W	T
T	R	Ó	J	K	Ą	T	Z	K	O	X	E	J	R	Y	E
W	I	E	L	O	K	Ą	T	Ł	V	Q	Z	G	I	Z	I

KĄTY
ARYTMETYKA
OBWÓD
DZIESIĘTNY
ŚREDNICA
PODZIAŁ
RÓWNANIE
WYKŁADNIK
FRAKCJA
GEOMETRIA
LICZBY
RÓWNOLEGŁY
RÓWNOLEGŁOBOK
WIELOKĄT
PROMIEŃ
PROSTOKĄT
KWADRAT
SYMETRIA
TRÓJKĄT
OBJĘTOŚĆ

92 - Activities

S	Z	Y	C	I	E	F	P	C	O	M	E	W	Z	H	K
M	P	Q	S	K	R	O	R	U	E	I	I	Q	S	Ł	K
B	U	K	B	W	B	T	Z	H	I	R	N	F	V	G	K
O	V	D	N	Ó	K	O	Y	W	N	K	A	N	G	L	F
O	Ł	D	E	R	O	G	J	Z	A	Ł	W	M	N	W	C
W	W	F	H	D	H	R	E	H	T	Z	O	Z	I	S	P
T	Ł	I	P	Ę	S	A	M	S	Y	F	L	A	P	K	Z
S	K	V	I	W	P	F	N	Q	Z	E	O	G	M	A	A
R	Z	G	R	Y	N	I	O	I	C	H	P	A	E	L	Ł
A	W	T	E	E	A	A	Ś	Y	M	Z	M	D	K	E	S
K	Y	S	U	Ł	E	E	Ć	T	R	G	A	K	Ł	R	O
D	X	H	Ł	K	T	A	N	I	E	C	G	I	R	Q	I
Ę	Y	W	D	I	A	Y	M	Ł	T	O	I	K	O	S	M
W	W	Y	P	O	C	Z	Y	N	E	K	A	Z	A	G	E
D	Z	I	A	Ł	A	L	N	O	Ś	Ć	P	Q	B	U	Z
O	G	R	O	D	N	I	C	T	W	O	Z	B	V	P	R

DZIAŁALNOŚĆ
SZTUKA
KEMPING
CERAMIKA
RZEMIOSŁA
TANIEC
WĘDKARSTWO
GRY
OGRODNICTWO
WĘDRÓWKI
POLOWANIE
WYPOCZYNEK
MAGIA
FOTOGRAFIA
PRZYJEMNOŚĆ
ZAGADKI
CZYTANIE
RELAKS
SZYCIE

93 - Business

A	C	T	W	O	D	O	B	F	V	G	H	H	F	R	S
Q	Ł	J	Y	P	G	T	H	I	D	V	M	M	W	D	N
N	A	K	Y	R	B	A	F	N	J	K	L	E	T	F	E
T	M	F	Y	W	Z	F	B	W	M	V	S	M	L	I	T
P	R	A	C	O	W	N	I	K	J	W	P	J	H	N	R
S	I	J	O	D	J	E	L	W	A	R	E	I	R	A	K
P	F	C	V	N	R	R	V	A	I	E	L	N	M	N	P
R	P	Y	R	S	C	Z	T	L	M	Ż	K	U	X	S	I
Z	O	T	E	Ż	D	U	B	U	O	D	S	T	U	E	E
E	D	S	R	A	B	A	T	T	N	E	O	O	O	K	N
D	A	E	D	D	M	Z	W	A	O	N	D	W	B	T	I
A	T	W	M	Ó	L	P	M	H	K	E	E	A	I	K	Ą
Ż	K	N	U	G	H	C	W	H	E	M	O	R	U	Ł	D
Y	I	I	P	R	A	C	O	D	A	W	C	A	R	A	Z
K	O	S	Z	T	S	D	O	H	Y	R	N	Q	O	Q	E
D	O	V	Y	F	X	A	E	D	L	Q	Ł	U	H	V	U

BUDŻET
KARIERA
FIRMA
KOSZT
WALUTA
RABAT
EKONOMIA
PRACOWNIK
PRACODAWCA
FABRYKA
FINANSE
DOCHÓD
INWESTYCJA
MENEDŻER
TOWAR
PIENIĄDZE
BIURO
SPRZEDAŻ
SKLEP
PODATKI

94 - The Company

P	P	E	I	N	E	I	N	D	U	R	T	A	Z	D	H
R	R	H	R	N	S	N	W	W	T	G	F	J	Ł	E	P
Z	O	L	Y	A	A	N	P	U	F	I	I	C	O	C	R
E	F	S	Z	P	E	O	Ę	M	T	K	D	A	N	Y	E
M	E	M	Y	R	H	W	T	Y	U	T	R	T	W	Z	Z
Y	S	J	K	O	T	A	S	R	I	S	F	U	S	J	E
S	J	P	A	D	Q	C	O	T	E	O	K	P	T	A	N
Ł	O	R	X	U	Ć	Y	P	Q	B	N	K	E	E	J	T
B	N	Z	W	K	Ś	J	Q	B	K	D	D	R	T	C	A
S	A	Y	N	T	O	N	A	O	N	E	O	Y	W	Y	C
O	L	C	Ć	H	W	Y	R	J	H	J	V	B	Ó	T	J
Q	N	H	Ś	W	I	A	T	O	W	Y	I	O	R	S	A
F	Y	Ó	O	X	L	B	I	Z	N	E	S	S	C	E	S
I	K	D	K	R	Ż	F	L	H	W	W	G	A	Z	W	Y
O	Y	C	A	U	O	J	X	P	V	M	U	Z	Y	N	K
F	R	O	J	A	M	Z	G	F	X	D	T	C	M	I	Ł

BIZNES
TWÓRCZY
DECYZJA
ZATRUDNIENIE
ŚWIATOWY
PRZEMYSŁ
INNOWACYJNY
INWESTYCJA
MOŻLIWOŚĆ
PREZENTACJA
PRODUKT
PROFESJONALNY
POSTĘP
JAKOŚĆ
REPUTACJA
ZASOBY
PRZYCHÓD
RYZYKA
TRENDY
JEDNOSTKI

95 - Literature

P	O	W	I	E	Ś	Ć	J	P	Ł	V	I	I	P	L	U
V	U	T	N	M	A	T	U	T	E	M	A	T	O	A	N
H	O	B	R	A	L	Q	M	A	D	T	J	A	R	F	R
O	L	Ł	Y	J	Q	K	D	Q	F	Y	C	U	Ó	R	X
K	B	N	A	R	R	A	T	O	R	R	K	T	W	C	X
I	Ł	X	T	P	J	K	Q	F	R	R	I	O	N	E	K
V	I	B	O	B	X	E	Ł	Q	G	C	F	R	A	P	A
Z	Y	N	D	B	I	S	A	G	I	K	X	B	N	H	I
L	M	B	G	D	K	O	I	V	O	V	Z	P	I	W	D
E	M	W	E	I	C	I	G	Ł	R	T	E	X	E	L	E
W	J	M	N	A	Y	N	O	R	S	T	Y	L	D	J	G
N	I	Z	A	L	T	W	L	Q	A	Z	I	L	A	N	A
M	Q	E	N	O	E	X	A	H	S	F	J	F	B	Ł	R
Q	O	I	R	G	O	P	N	V	I	C	I	M	F	A	T
O	P	I	S	S	P	Z	A	P	R	B	I	A	Y	A	Ł
A	I	E	U	K	Z	A	W	M	E	T	A	F	O	R	A

ANALOGIA
ANALIZA
ANEGDOTA
AUTOR
BIOGRAFIA
PORÓWNANIE
WNIOSEK
OPIS
DIALOG
FIKCJA
METAFORA
NARRATOR
POWIEŚĆ
WIERSZ
POETYCKI
RYM
RYTM
STYL
TEMAT
TRAGEDIA

96 - Geography

X	P	O	H	P	X	O	S	J	R	R	I	F	M	F	P
C	O	C	I	D	Ó	H	C	A	Z	E	Z	R	O	M	F
Q	Ł	E	D	E	L	Ł	U	R	E	G	Y	O	U	I	E
R	U	A	Q	O	W	K	N	K	K	I	U	G	Y	S	X
J	D	N	G	Ó	R	A	Q	O	A	O	C	C	V	X	D
F	N	C	D	C	Z	Q	S	H	C	N	R	H	V	V	D
R	I	U	P	O	D	N	I	E	S	I	E	N	I	E	K
F	E	T	E	R	Y	T	O	R	I	U	M	G	M	M	O
K	G	R	T	M	U	P	Q	A	X	W	V	C	J	L	N
M	I	A	S	T	O	O	H	W	G	Y	N	I	J	G	T
D	Y	P	A	J	H	Ł	X	C	Y	S	S	P	I	I	Y
Z	I	A	L	T	W	U	S	K	J	O	T	U	A	W	N
U	W	M	T	H	D	D	A	L	U	K	Ł	Ó	P	Y	E
X	U	Ł	A	E	I	N	R	B	S	O	Q	E	W	S	N
Ś	W	I	A	T	T	I	U	Y	Q	Ś	Z	E	B	P	T
F	J	P	U	T	Ł	K	Z	A	M	Ć	G	A	E	A	N

WYSOKOŚĆ
ATLAS
MIASTO
KONTYNENT
KRAJ
PODNIESIENIE
PÓŁKULA
WYSPA
MAPA
POŁUDNIK
GÓRA
PÓŁNOC
OCEAN
REGION
RZEKA
MORZE
POŁUDNIE
TERYTORIUM
ZACHÓD
ŚWIAT

97 - Jazz

U	I	H	E	S	G	A	K	Y	Z	U	M	P	S	T	K
N	O	W	Y	E	H	J	F	F	I	E	V	I	T	E	U
C	E	Z	Y	N	A	C	I	S	K	A	N	O	Y	C	A
H	R	V	V	O	T	Y	N	B	Ę	B	H	S	L	H	H
L	J	B	A	I	S	Z	E	I	O	V	P	E	C	N	Y
O	B	U	O	B	Y	O	R	H	H	Y	E	N	R	I	J
R	Ł	F	N	U	T	P	J	Y	S	Ł	T	K	T	K	J
K	V	R	H	L	R	M	E	U	T	Ł	W	A	A	A	X
I	I	O	B	U	A	O	U	N	N	M	A	B	H	Z	J
E	E	K	V	M	X	K	E	V	E	U	S	W	J	T	G
S	Q	L	W	M	W	J	X	U	L	B	C	T	N	M	V
T	J	A	Y	K	X	I	Ł	J	A	L	Y	V	A	Y	T
R	O	S	Ł	E	U	E	R	L	T	A	L	W	R	R	V
A	Y	K	K	O	N	C	E	R	T	Ł	Q	F	V	B	Y
K	N	I	I	M	P	R	O	W	I	Z	A	C	J	A	U
K	O	M	P	O	Z	Y	T	O	R	V	U	E	H	Ł	Ł

ALBUM
OKLASKI
ARTYSTA
KOMPOZYTOR
KOMPOZYCJA
KONCERT
BĘBNY
NACISK
SŁAWNY
ULUBIONE
IMPROWIZACJA
MUZYKA
NOWY
STARY
ORKIESTRA
RYTM
PIOSENKA
STYL
TALENT
TECHNIKA

98 - Nature

S	D	Z	E	N	T	O	T	S	I	K	I	Z	D	E	A
A	Y	W	C	R	T	R	O	P	I	K	A	L	N	Y	Y
N	N	I	H	U	O	D	O	H	Q	M	G	M	Ł	O	Q
K	A	E	M	Y	N	Z	C	Y	T	K	R	A	Ł	G	M
T	M	R	U	Ł	X	P	J	L	R	L	S	I	Y	T	N
U	I	Z	R	O	A	G	O	A	Z	C	E	N	S	B	E
A	C	Ą	Y	Z	B	K	D	O	A	M	O	Y	P	U	P
R	Z	T	F	C	E	I	W	O	D	O	L	T	O	Q	J
I	N	I	I	Z	X	T	R	S	P	X	F	S	K	V	R
U	Y	Y	L	S	O	T	Z	P	P	Q	D	U	O	B	J
M	S	O	K	P	B	N	E	O	I	O	R	P	J	Y	A
W	J	N	W	H	D	Q	K	U	U	Ę	K	Y	N	H	R
O	R	L	I	Ś	C	I	A	Z	E	L	K	O	A	C	H
D	Z	A	M	D	R	N	F	V	D	Ł	W	N	J	K	M
F	X	S	Y	L	L	R	H	C	F	N	L	L	O	N	T
D	N	L	A	S	E	D	U	B	Y	Z	C	G	N	A	Y

ZWIERZĄT
ARKTYCZNY
PIĘKNO
PSZCZOŁY
KLIFY
CHMURY
PUSTYNIA
DYNAMICZNY
EROZJA
MGŁA
LIŚCI
LAS
LODOWIEC
SPOKOJNA
RZEKA
SANKTUARIUM
SPOKOJNY
TROPIKALNY
ISTOTNE
DZIKI

99 - Vacation #2

F	W	V	V	Q	Q	F	Q	N	U	Y	R	Ó	G	R	I
M	U	Y	I	C	G	P	X	O	S	G	E	E	H	J	L
H	T	M	P	Z	P	C	H	D	Ł	G	S	Ł	J	L	O
T	X	T	R	O	P	S	N	A	R	T	T	V	Ł	T	T
I	Q	K	K	O	C	K	U	U	R	P	A	E	R	L	N
C	Ł	A	I	K	P	Z	G	J	F	N	U	U	Z	N	I
K	T	X	T	O	H	O	Y	G	Ż	Ó	R	D	O	P	S
H	R	V	O	P	J	O	C	N	Q	R	A	W	C	E	K
I	O	T	A	X	I	O	W	I	E	X	C	I	E	Y	O
T	P	T	O	I	M	A	N	P	Ą	K	J	Z	N	W	Y
I	Z	R	E	M	A	P	A	M	W	G	A	A	R	K	H
F	S	A	Z	L	P	N	Ż	E	J	C	A	K	A	W	I
V	A	E	R	Ł	S	G	A	K	U	P	Z	A	E	N	O
S	P	T	O	V	Y	E	L	S	Ł	K	M	M	T	Z	O
Q	L	O	M	E	W	U	P	A	I	P	U	K	P	E	B
Z	A	G	R	A	N	I	C	Z	N	Y	A	Ł	L	X	T

LOTNISKO
PLAŻA
KEMPING
ZAGRANICZNY
WAKACJE
HOTEL
WYSPA
PODRÓŻ
WYPOCZYNEK
MAPA
GÓRY
PASZPORT
RESTAURACJA
MORZE
TAXI
NAMIOT
POCIĄG
TRANSPORT
WIZA

100 - Electricity

S	P	R	Z	Ę	T	Q	L	M	P	X	R	E	Ż	M	Y
P	P	R	Z	E	W	O	D	Y	O	T	Y	C	A	I	D
W	L	V	Q	U	Y	W	C	N	O	M	D	C	R	N	I
G	K	U	P	L	T	H	S	T	X	M	C	C	Ó	U	K
I	A	N	S	T	K	Y	R	T	K	E	L	E	W	S	S
M	P	L	A	S	E	R	J	H	S	U	S	T	K	B	D
D	M	Ł	G	F	I	K	A	B	E	L	K	E	A	A	G
E	A	R	B	N	B	H	A	R	N	Ł	Ł	L	J	T	N
I	L	O	Ś	Ć	O	E	G	N	G	X	A	E	C	E	I
G	Z	T	I	R	W	Ł	C	S	A	Y	D	W	P	R	A
Q	Y	A	J	C	N	B	I	G	M	A	O	I	V	I	Z
M	G	R	J	E	A	N	X	E	P	B	W	Z	U	A	D
M	T	E	Q	P	U	Y	G	M	D	X	A	J	N	S	O
Y	O	N	O	F	E	L	E	T	E	A	N	A	O	I	D
Q	A	E	O	D	A	V	A	D	L	B	I	M	M	E	L
Ł	A	G	Y	N	Z	C	Y	R	T	K	E	L	E	Ć	X

BATERIA
ŻARÓWKA
KABEL
ELEKTRYCZNY
ELEKTRYK
SPRZĘT
GENERATOR
LAMPA
LASER
MAGNES

MINUS
SIEĆ
OBIEKTY
PLUS
ILOŚĆ
GNIAZDO
SKŁADOWANIE
TELEFON
TELEWIZJA
PRZEWODY

1 - Antiques

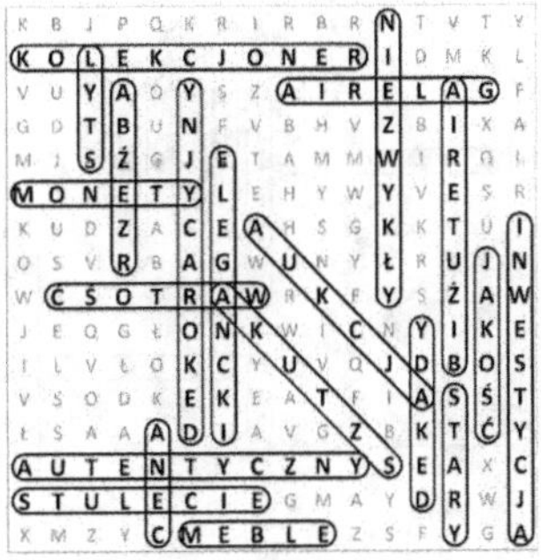

2 - Food #1

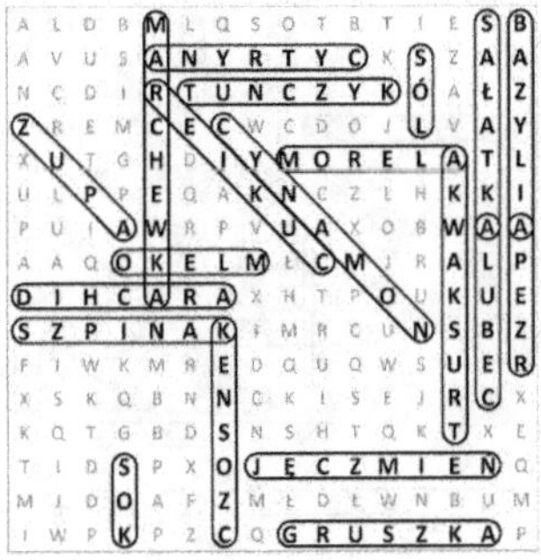

3 - Measurements

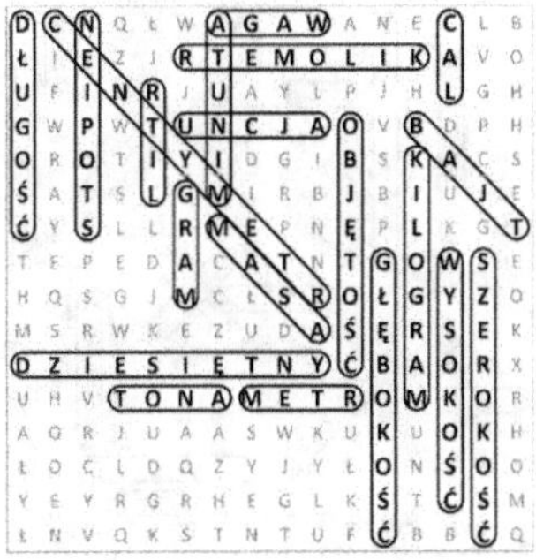

4 - Farm #2

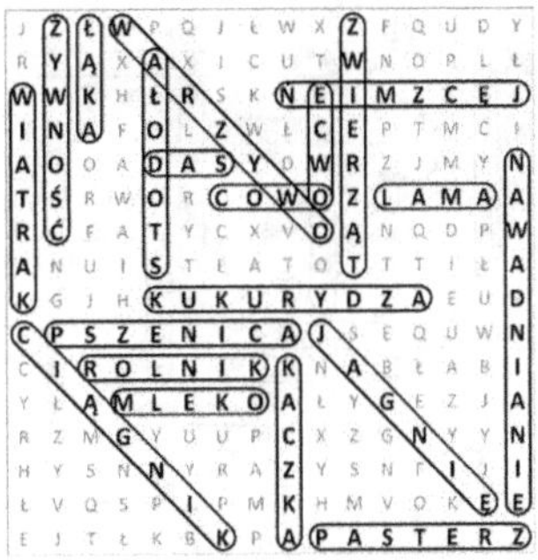

5 - Books

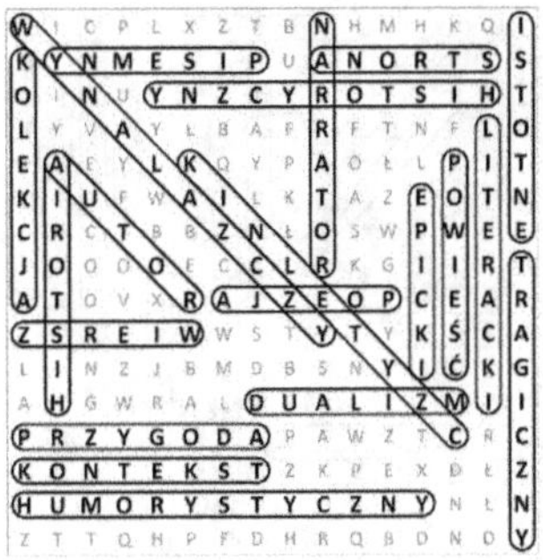

6 - Meditation

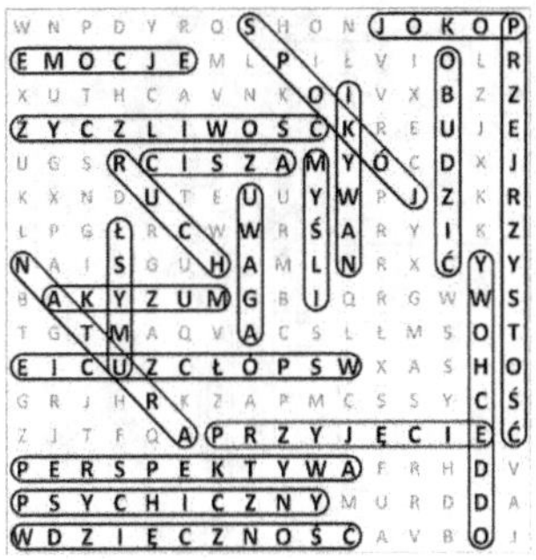

7 - Days and Months

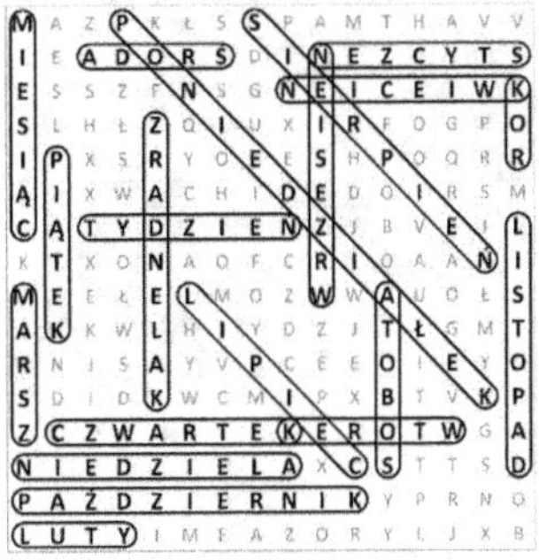

8 - Energy

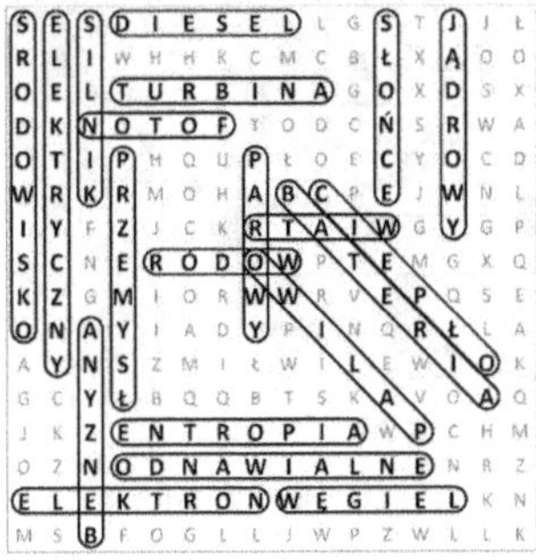

9 - Archeology

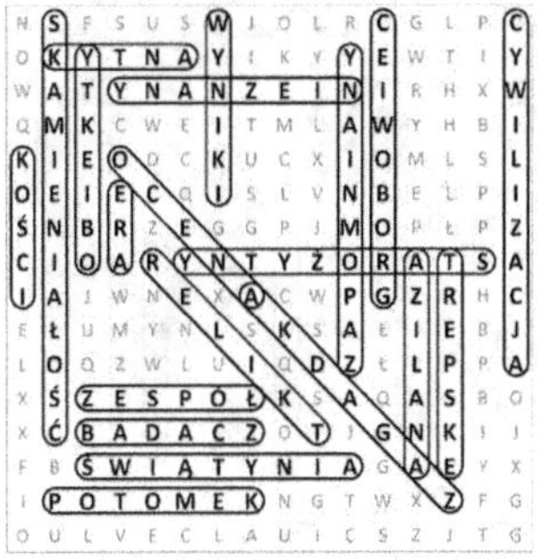

10 - Food #2

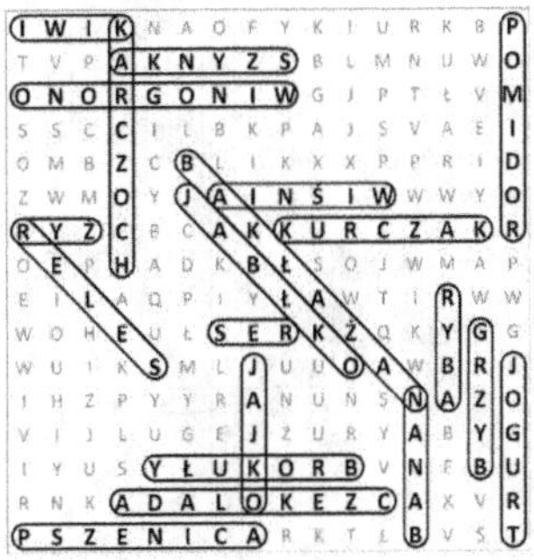

11 - Chemistry

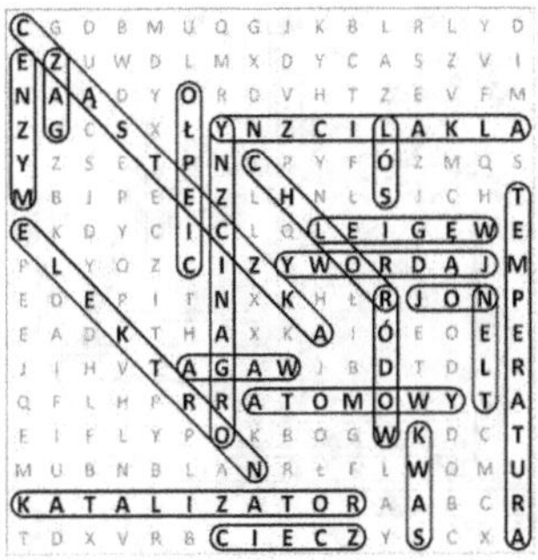

12 - Music

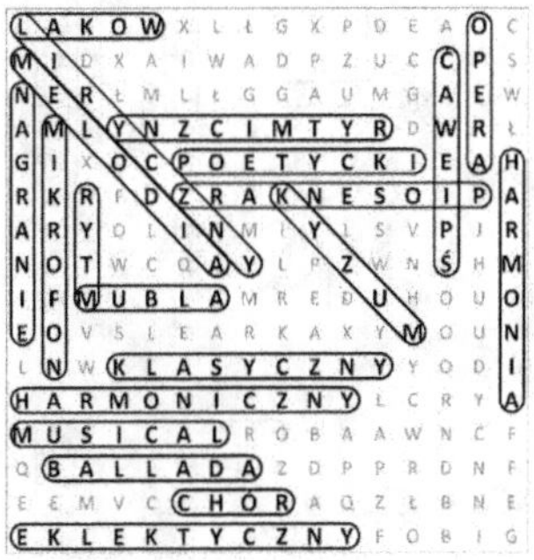

13 - Family

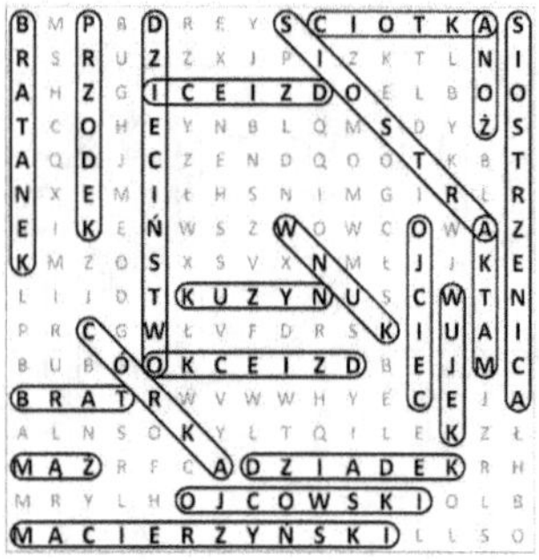

14 - Farm #1

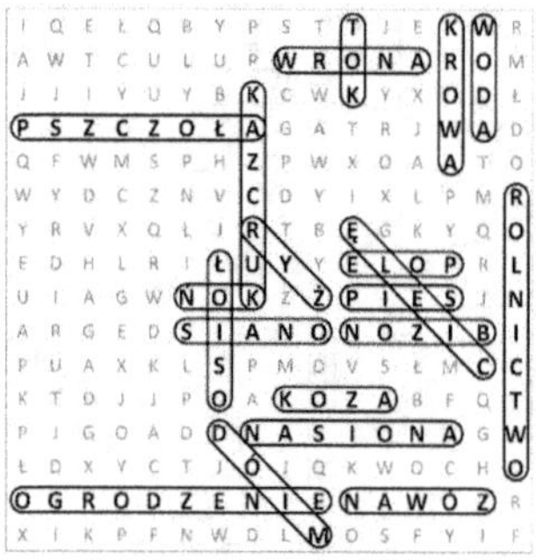

15 - Camping

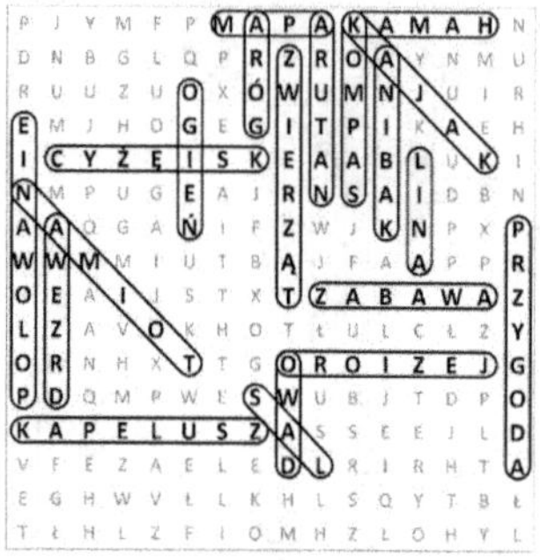

16 - Algebra

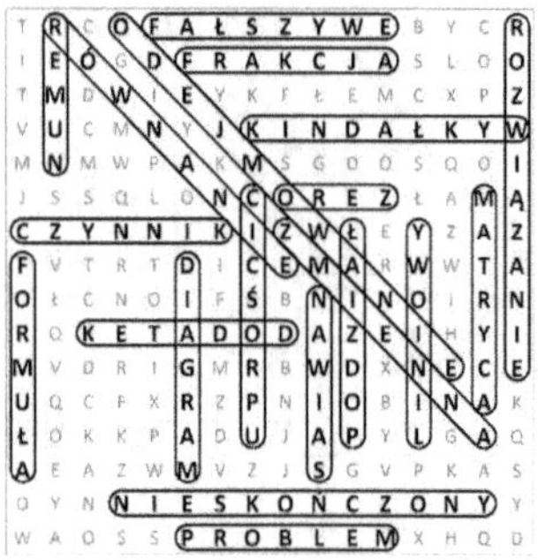

17 - Numbers

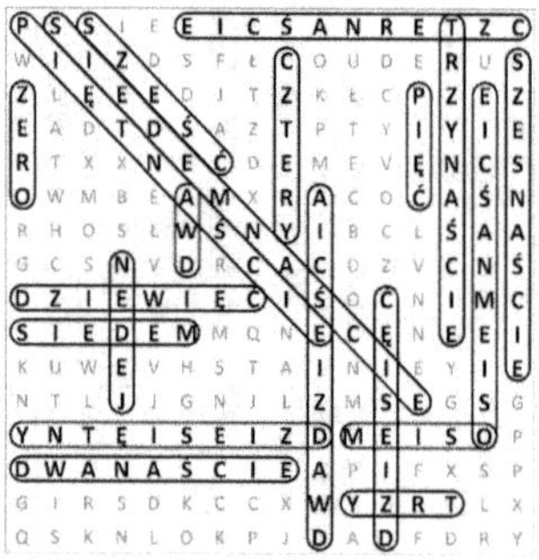

18 - Spices

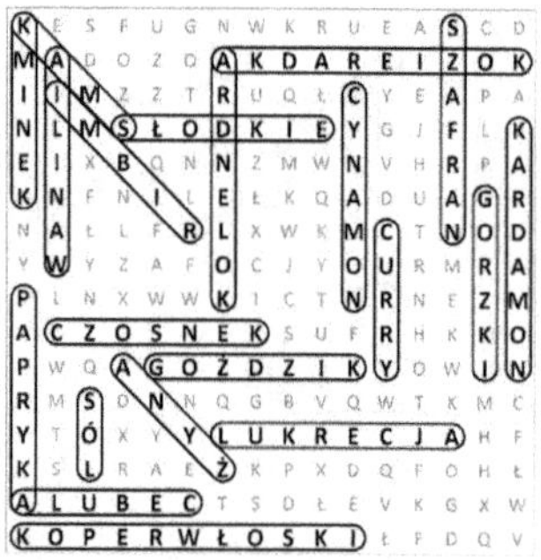

19 - Universe

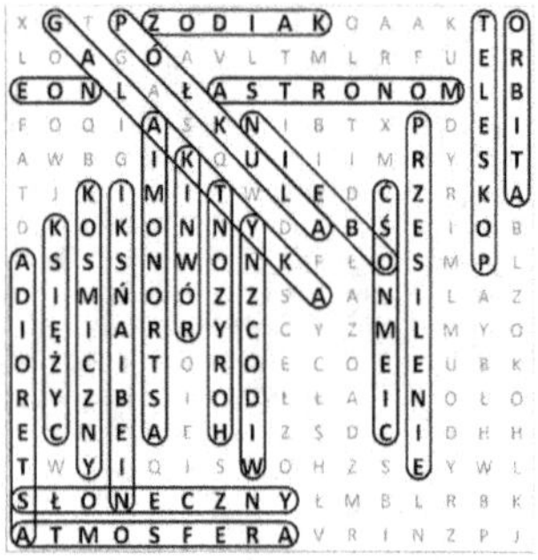

20 - Mammals

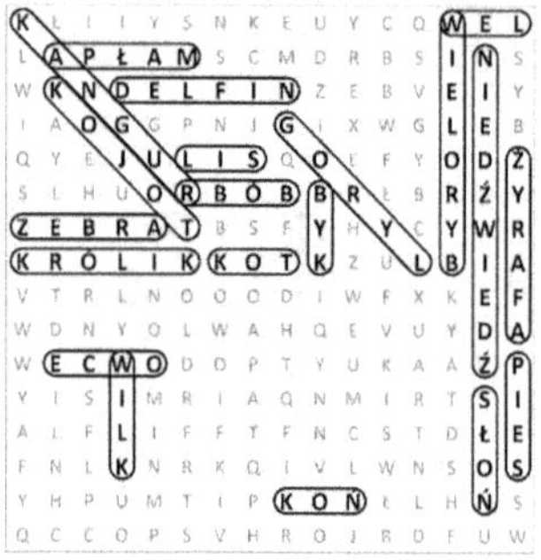

21 - Restaurant #1

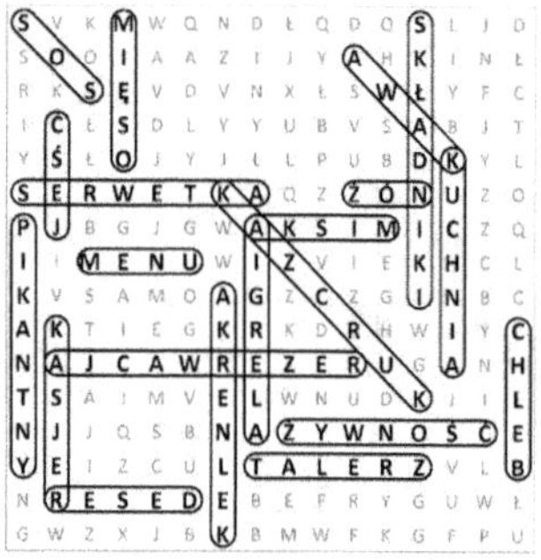

22 - Bees

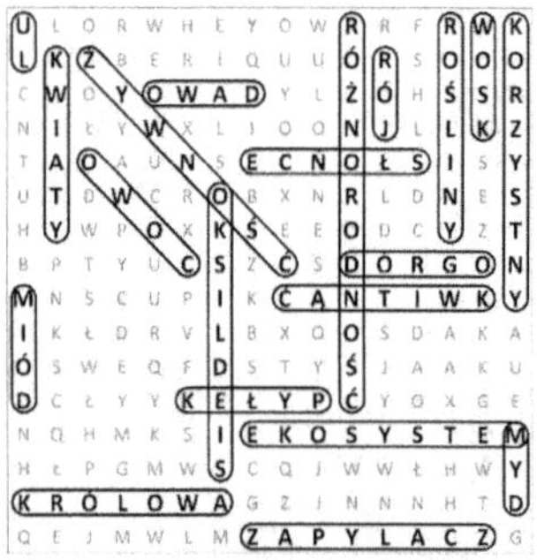

23 - Sport

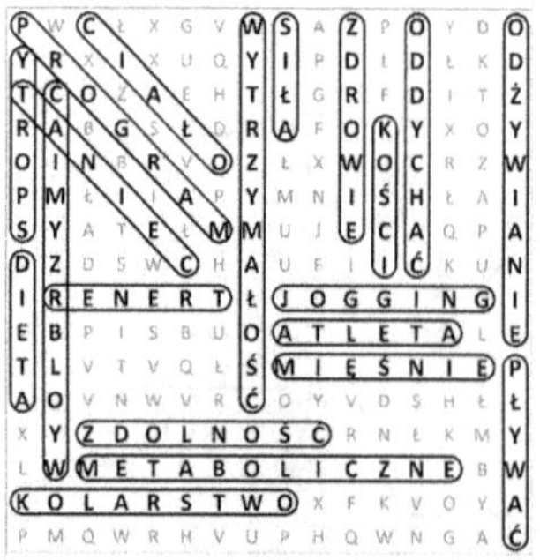

24 - Restaurant #2

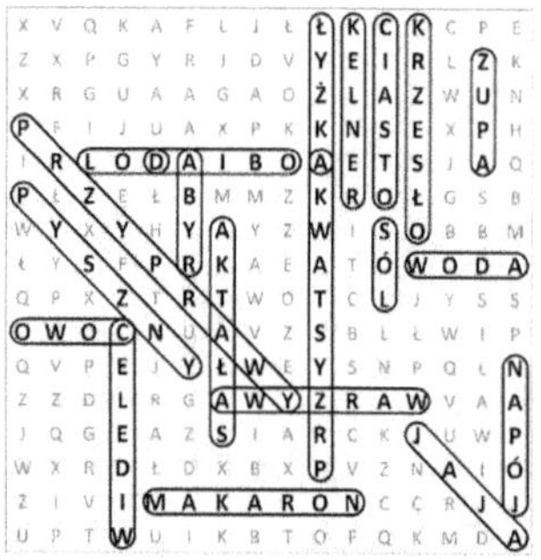

25 - Geology

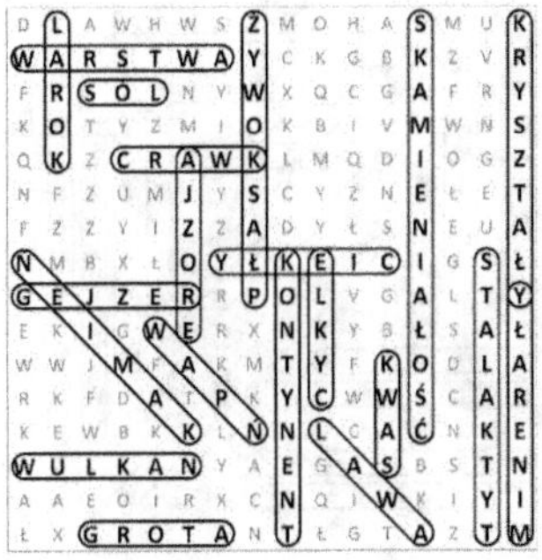

26 - House

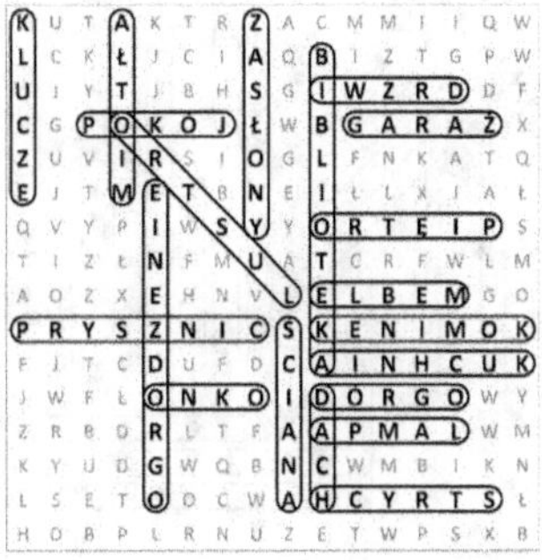

27 - Physics

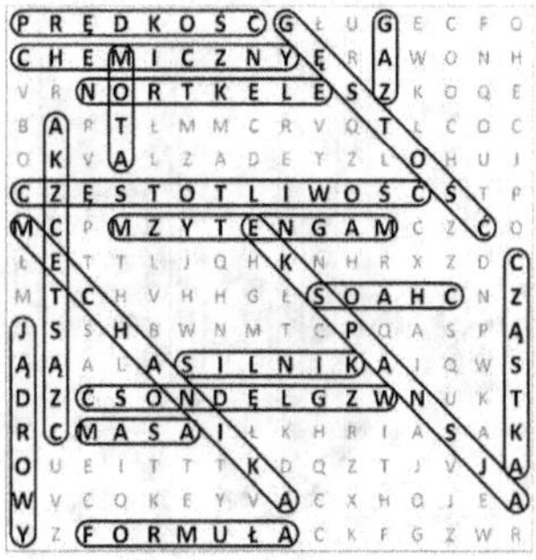

28 - Dance

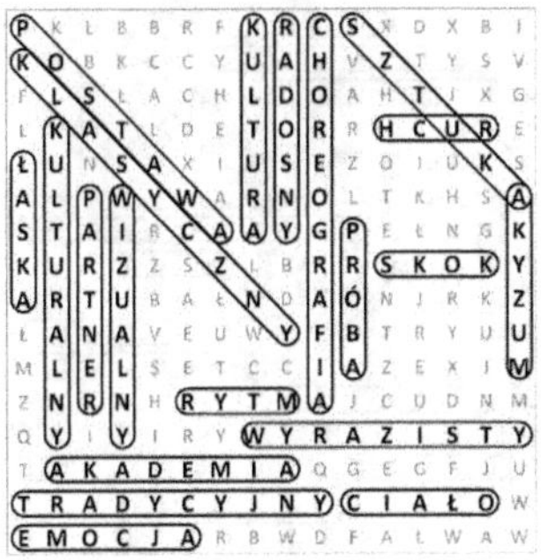

29 - Coffee

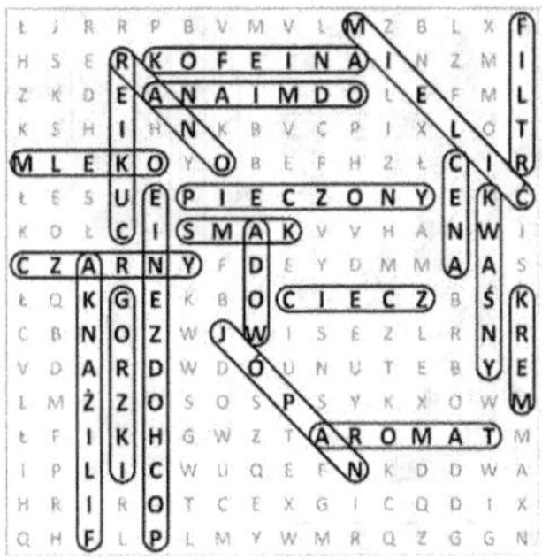

30 - Shapes

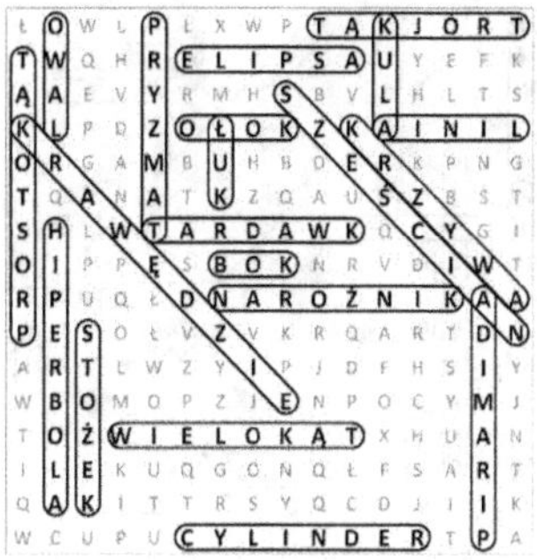

31 - Scientific Disciplines

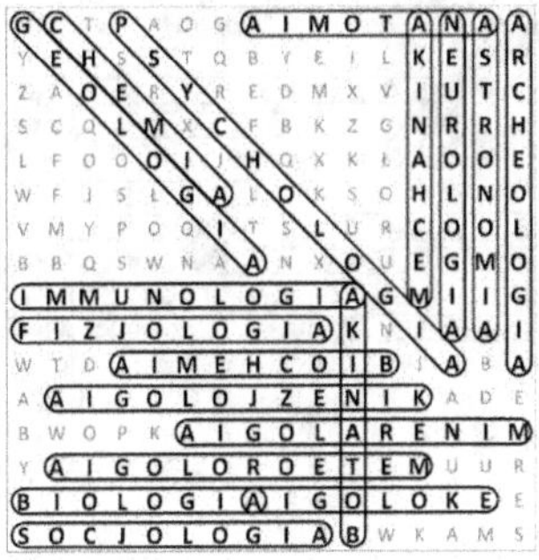

32 - Science

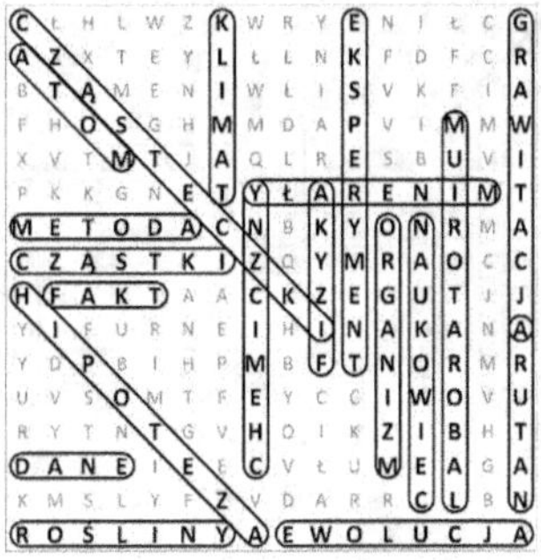

33 - Beauty

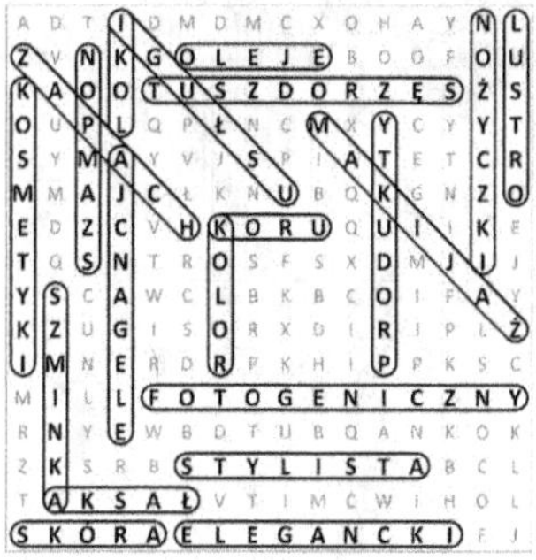

34 - To Fill

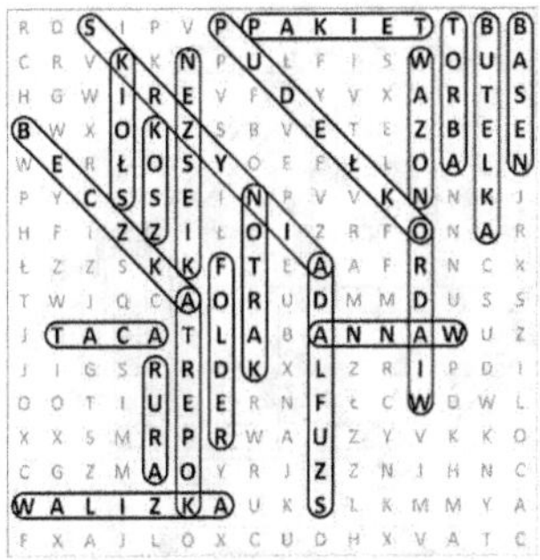

35 - Clothes

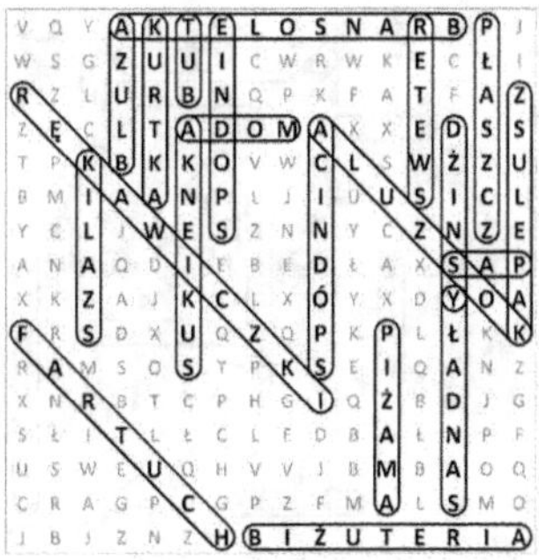

36 - Insects

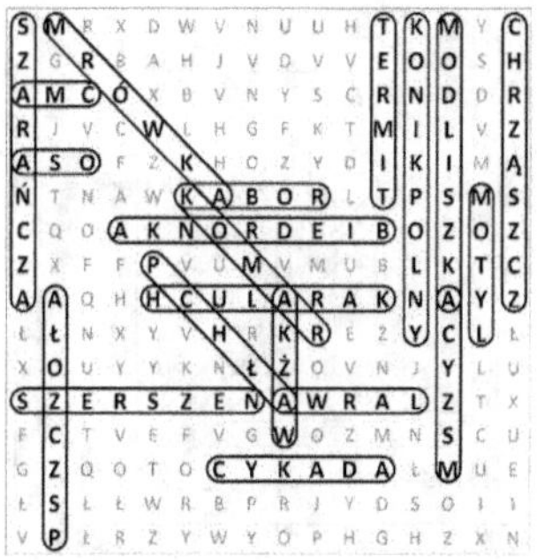

37 - Astronomy

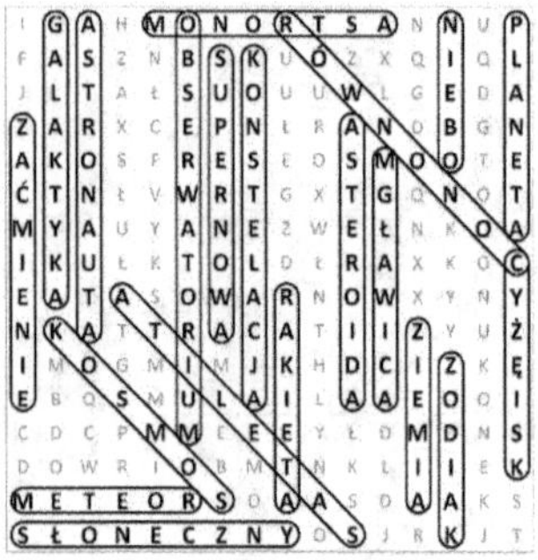

38 - Health and Wellness #2

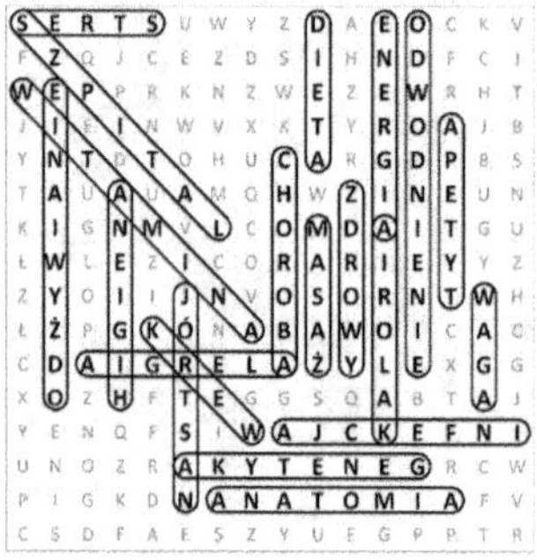

39 - Disease

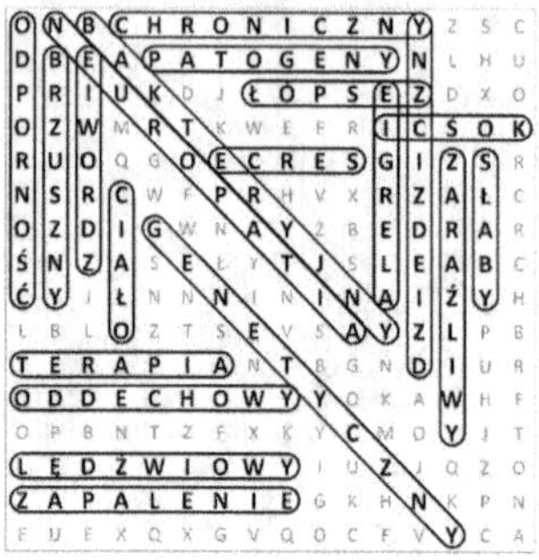

40 - Time

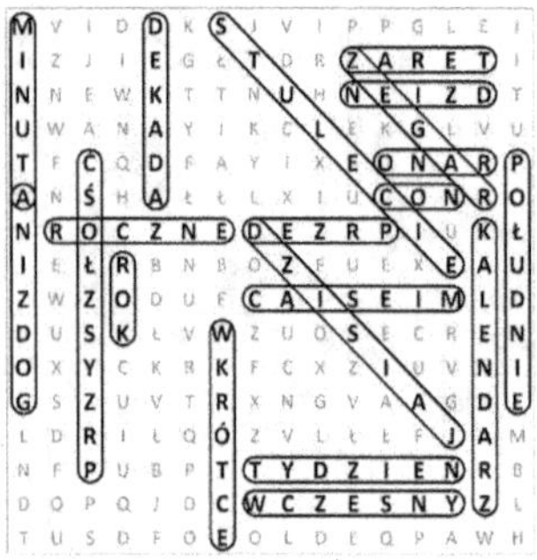

41 - Buildings

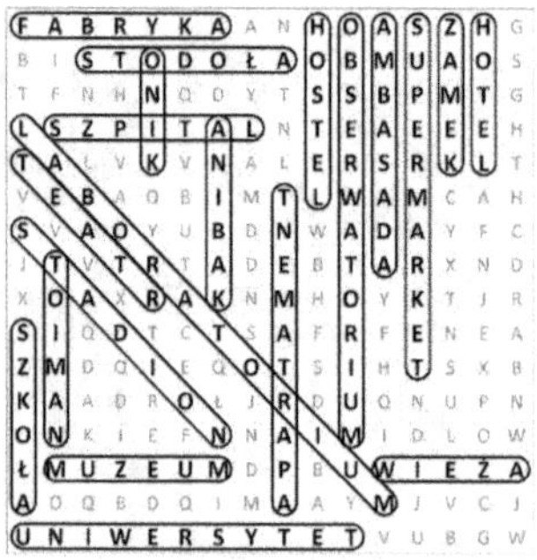

42 - Philanthropy

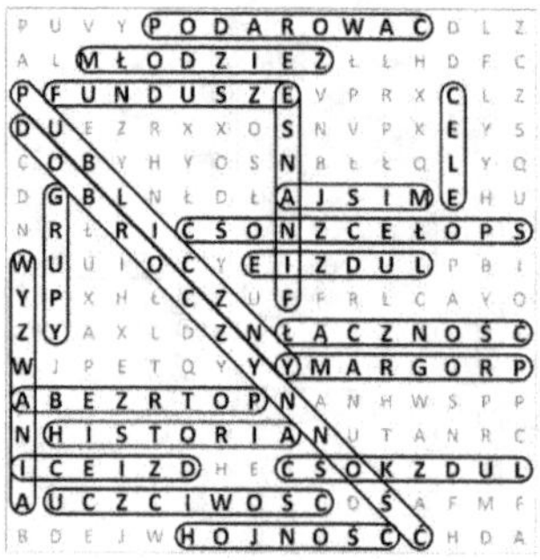

43 - Gardening

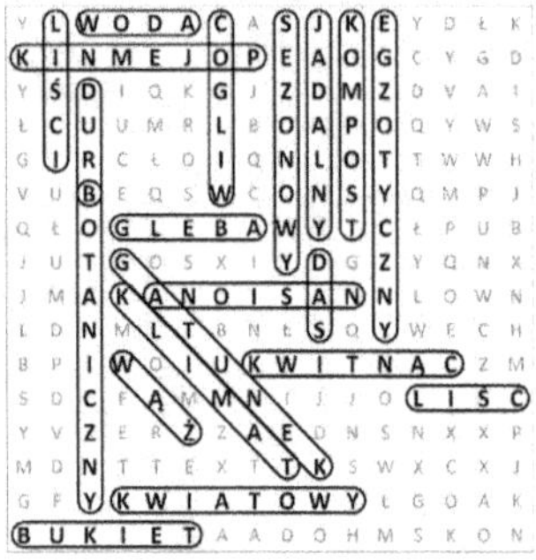

44 - Herbalism

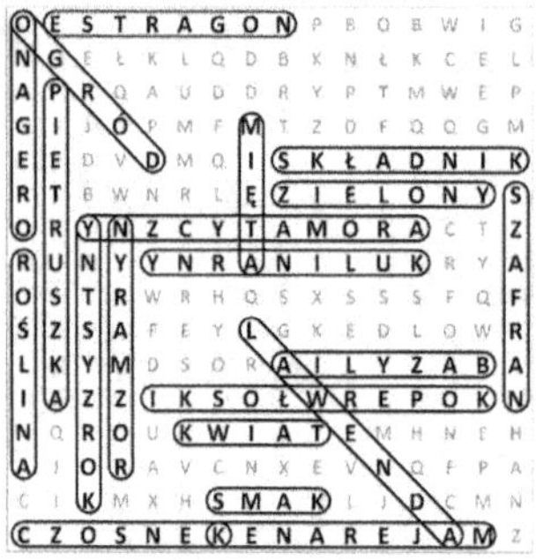

45 - Vehicles

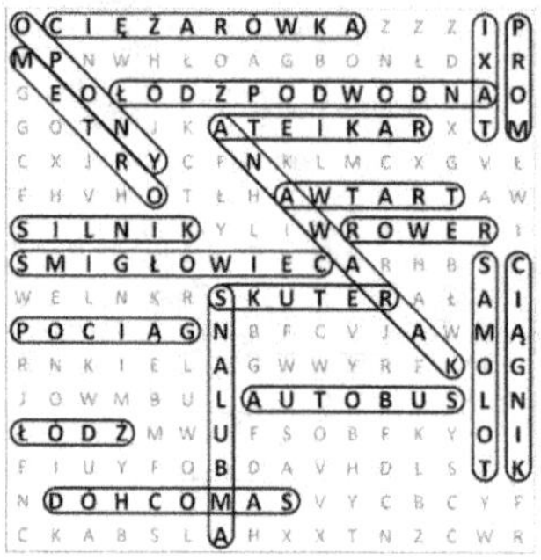

46 - Flowers

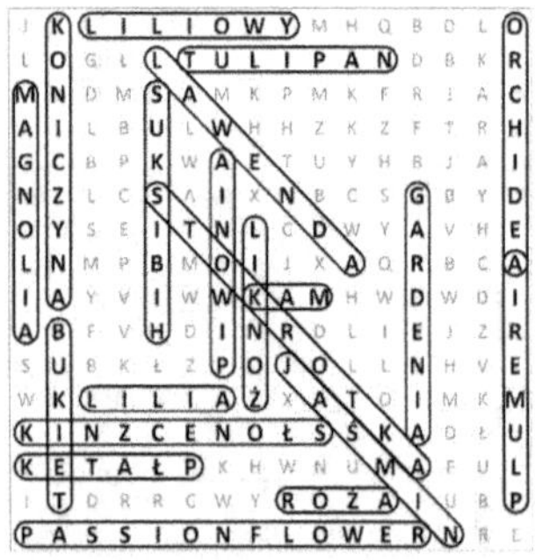

47 - Health and Wellness #1

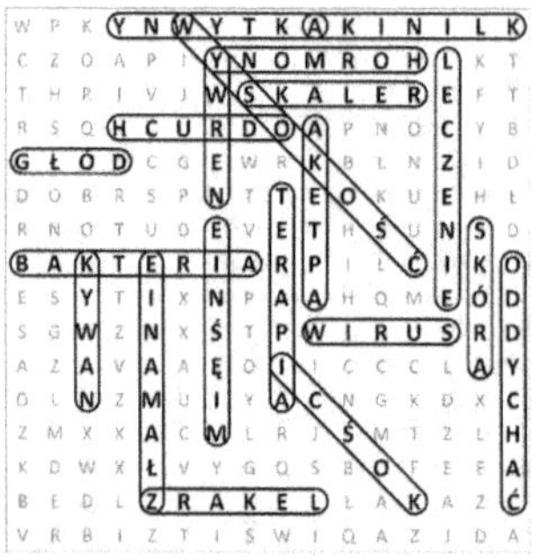

48 - Town

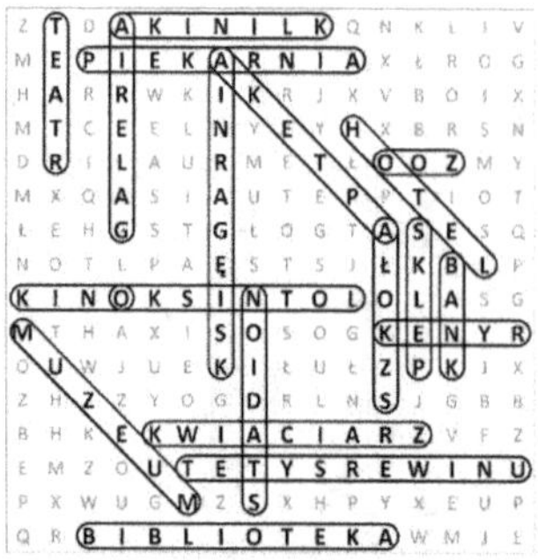

49 - Antarctica

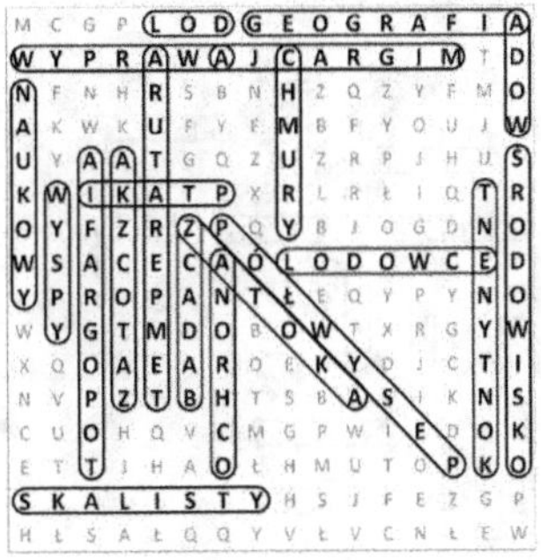

50 - Ballet

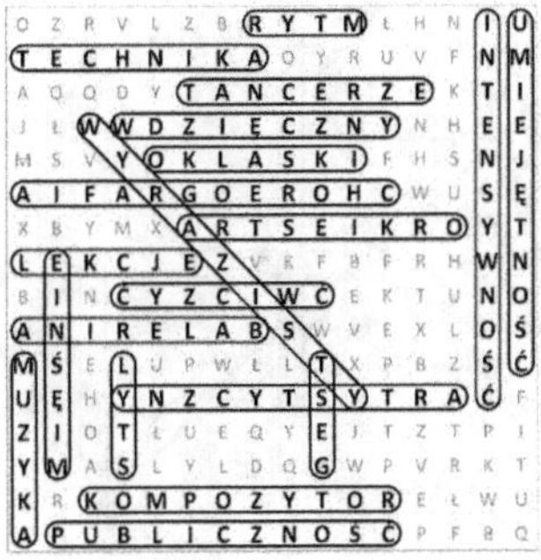

51 - Fashion

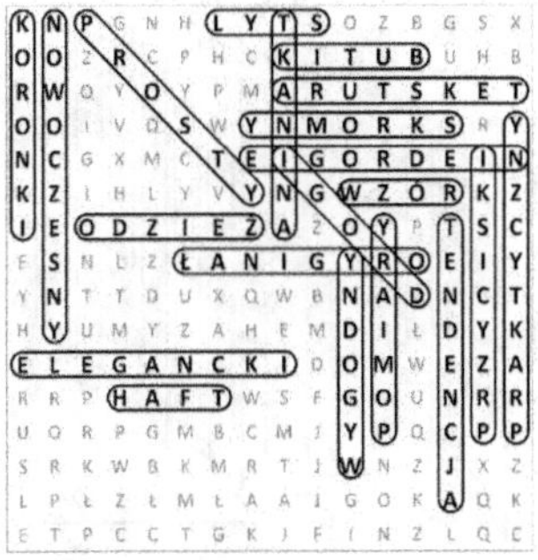

52 - Human Body

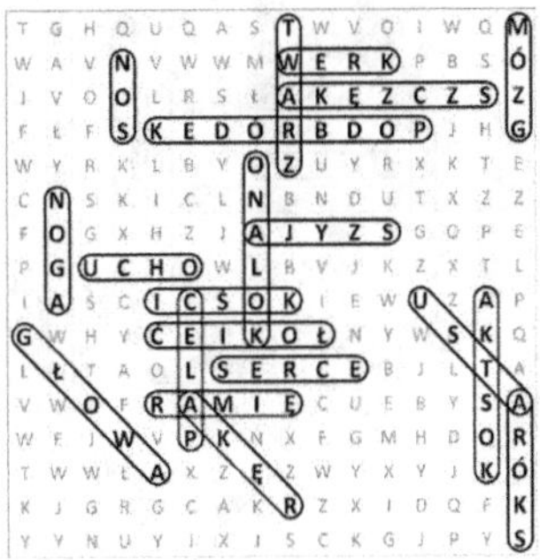

53 - Musical Instruments

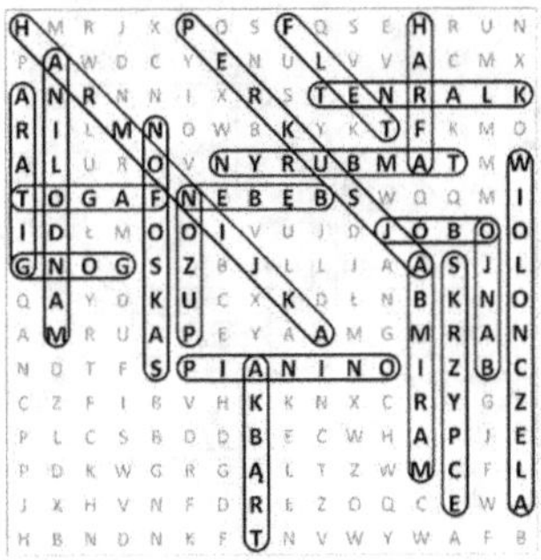

54 - Fruit

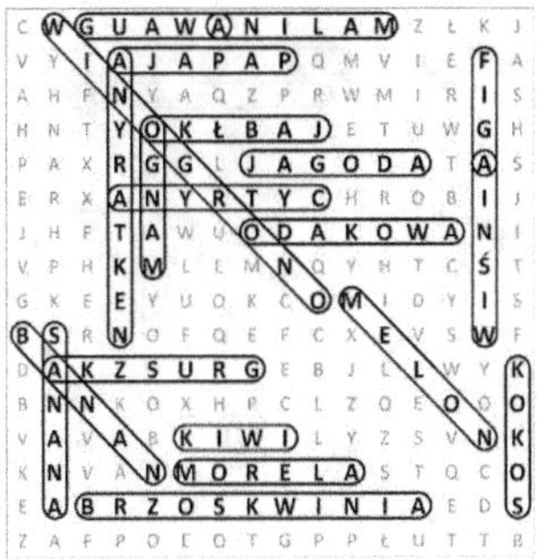

55 - Engineering

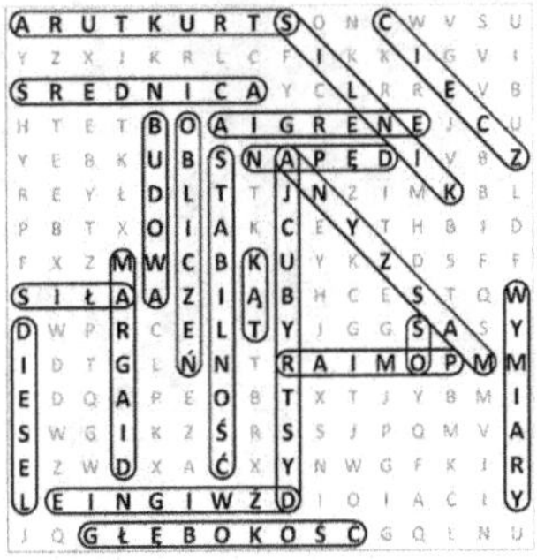

56 - Kitchen

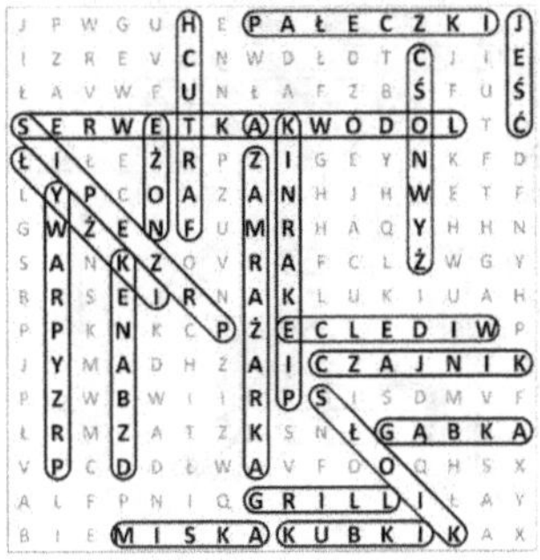

57 - Government

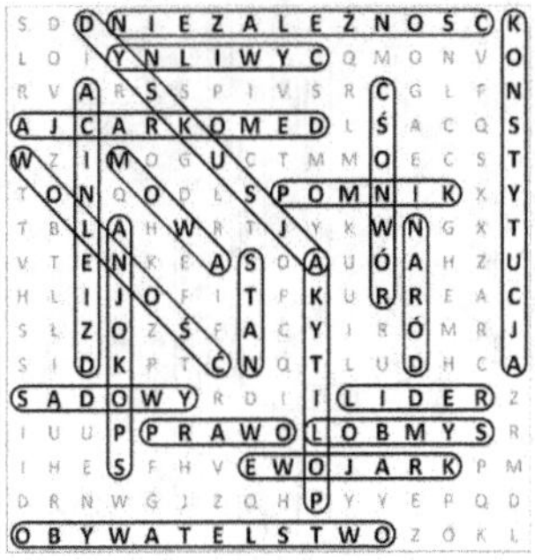

58 - Art Supplies

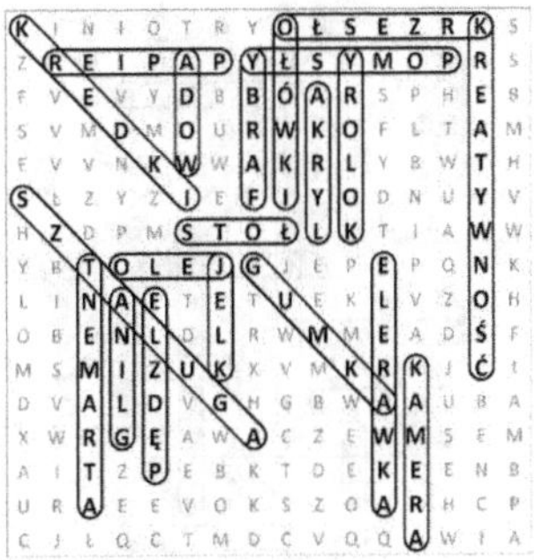

59 - Science Fiction

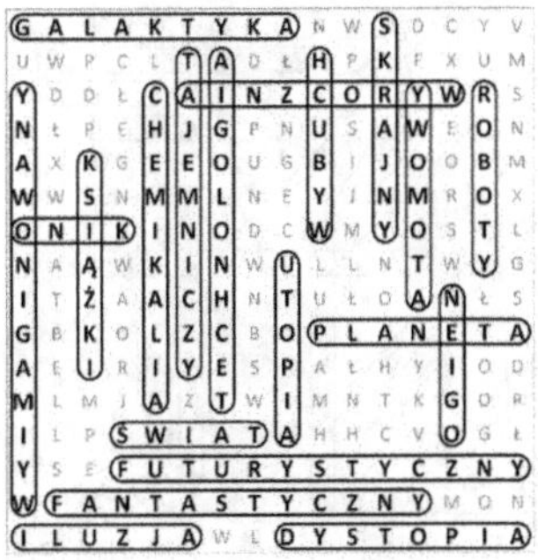

60 - Geometry

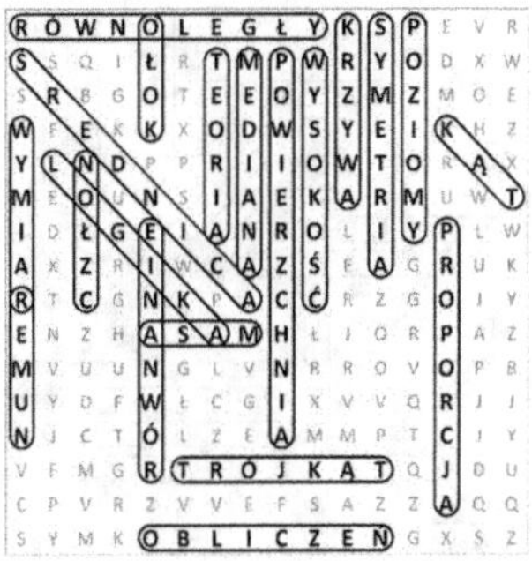

61 - Creativity

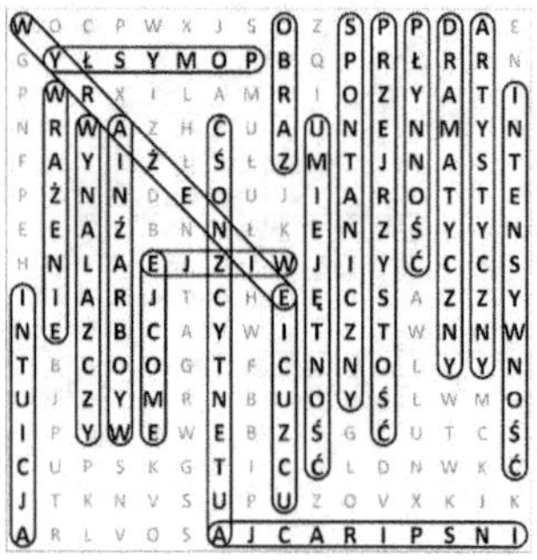

62 - Airplanes

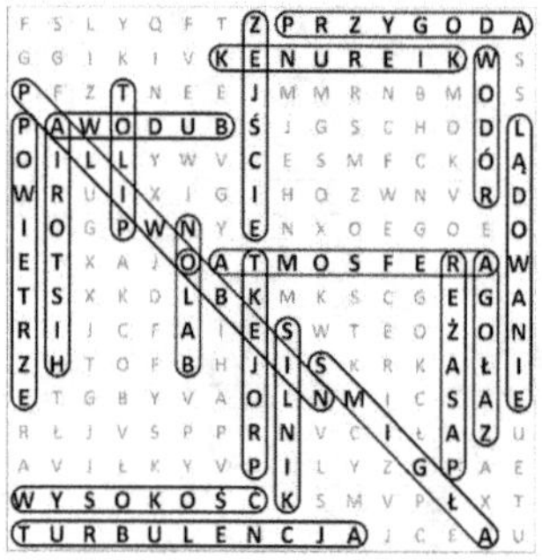

63 - Ocean

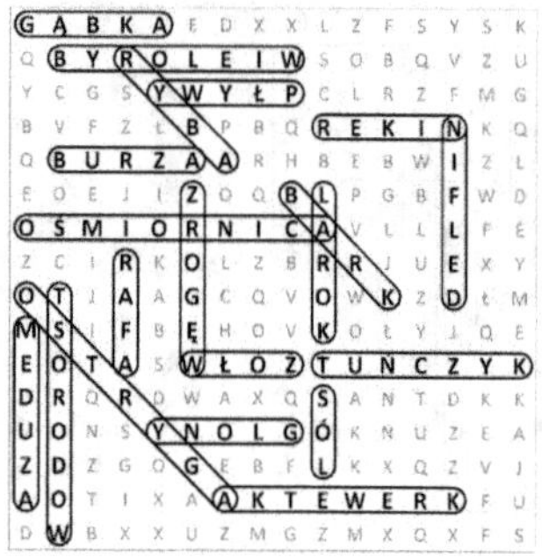

64 - Force and Gravity

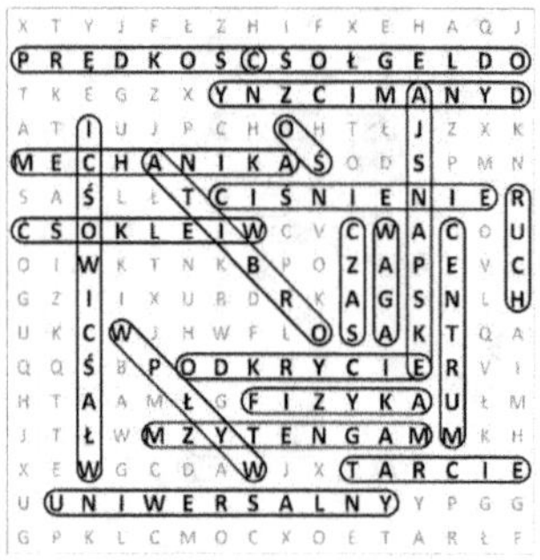

65 - Birds

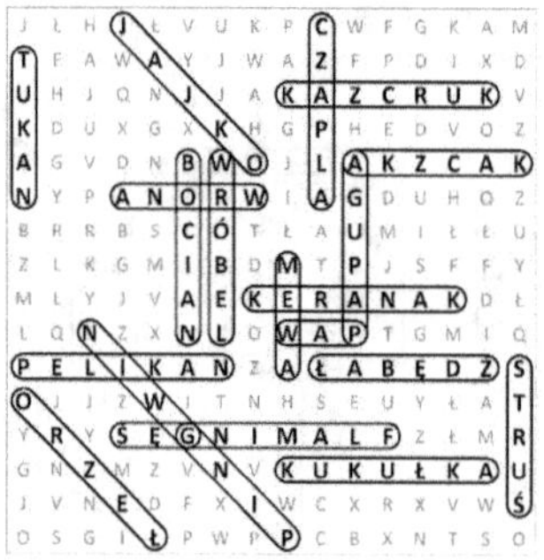

66 - Nutrition

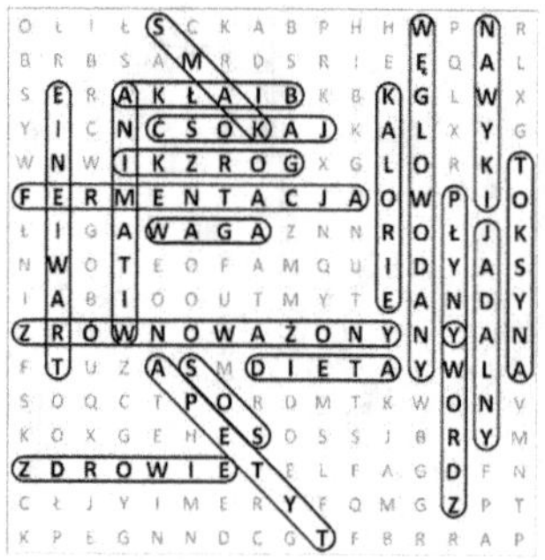

67 - Hiking

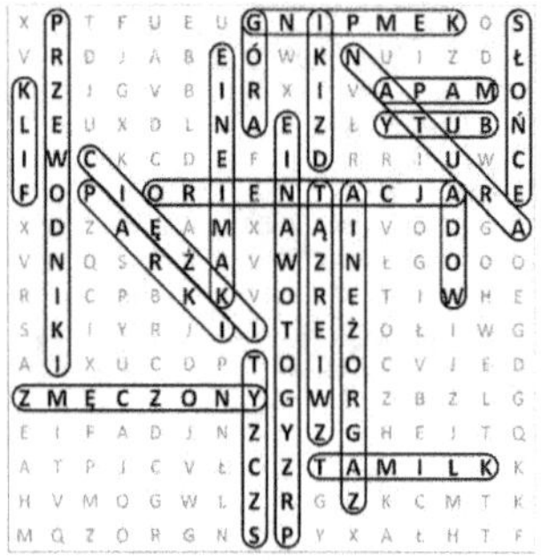

68 - Professions #1

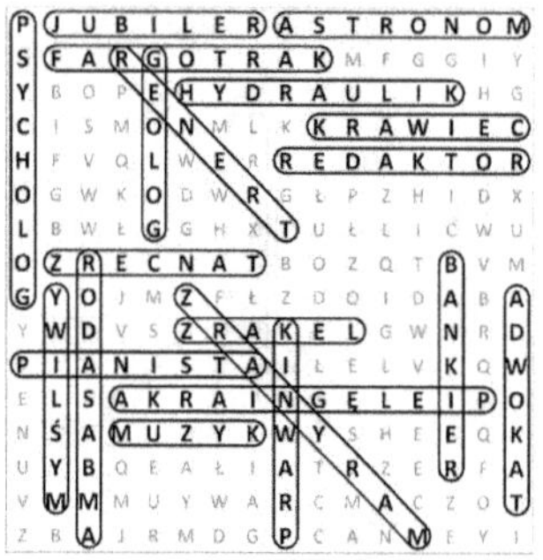

69 - Barbecues

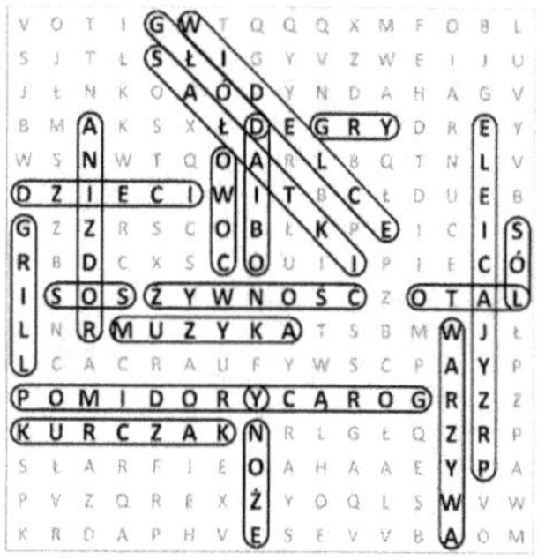

70 - Vegetables

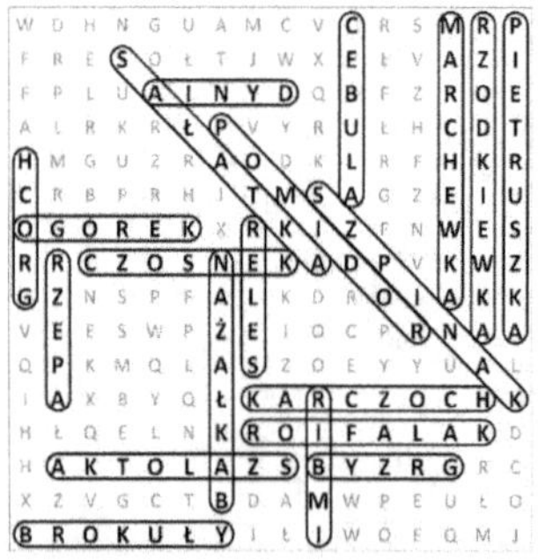

71 - The Media

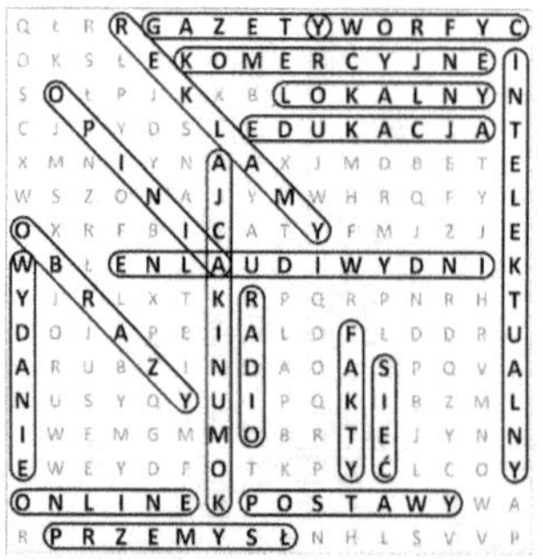

72 - Boats

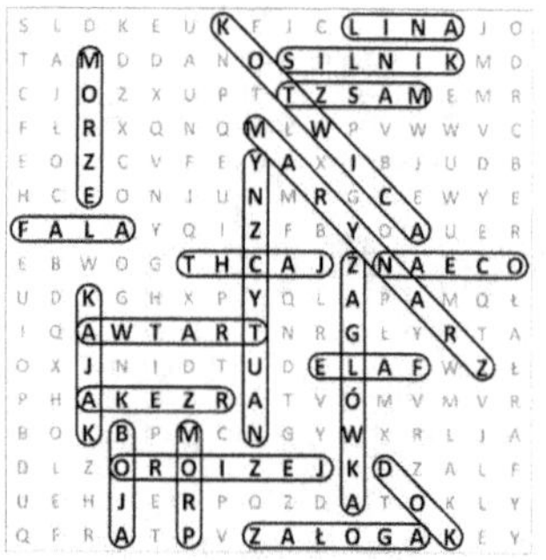

73 - Activities and Leisure

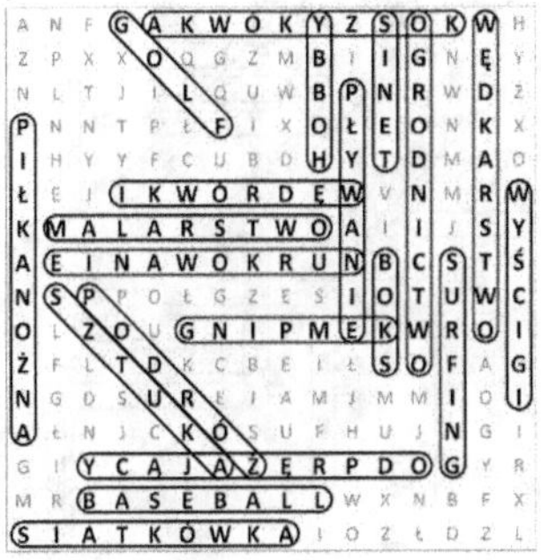

74 - Driving

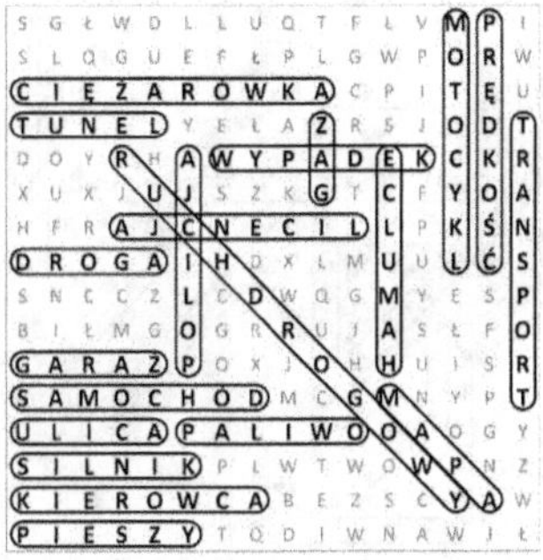

75 - Biology

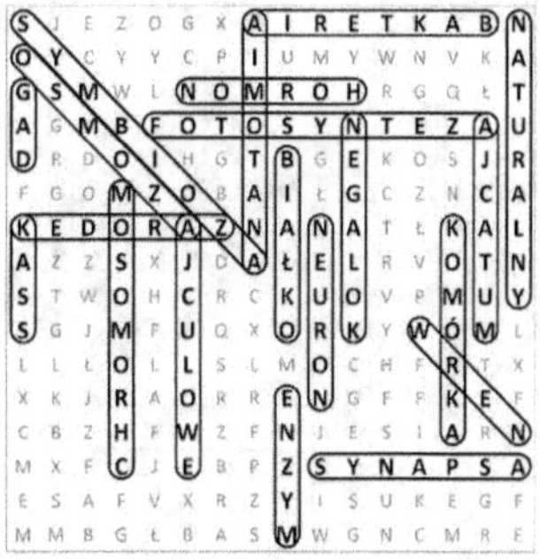

76 - Professions #2

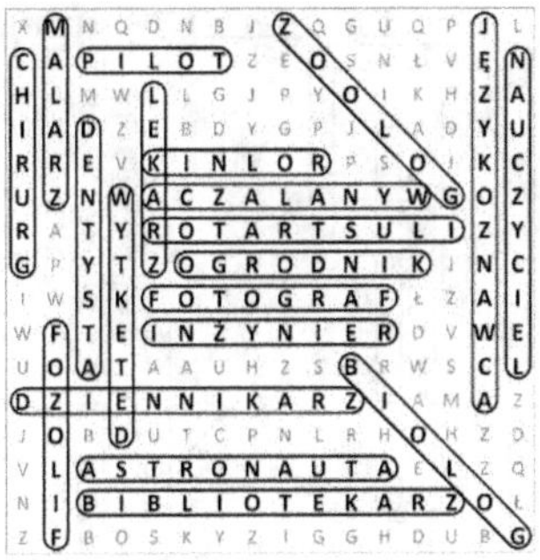

77 - Mythology

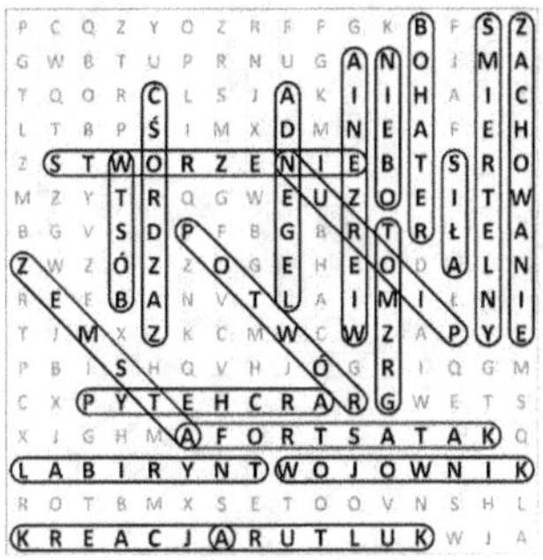

78 - Agronomy

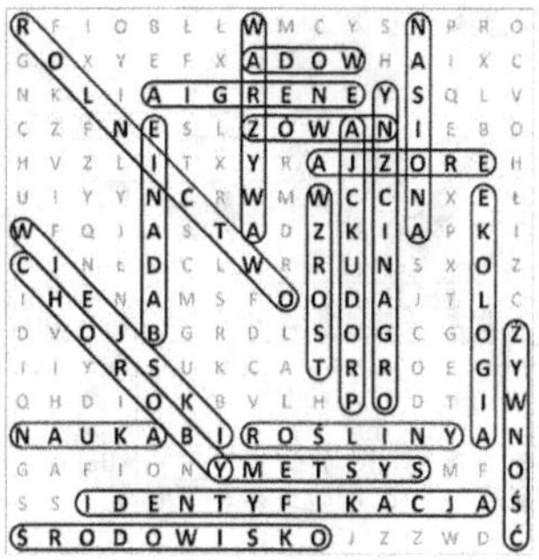

79 - Hair Types

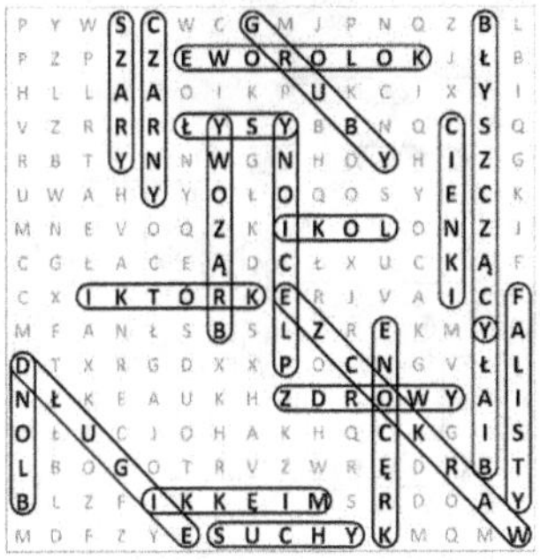

80 - Garden

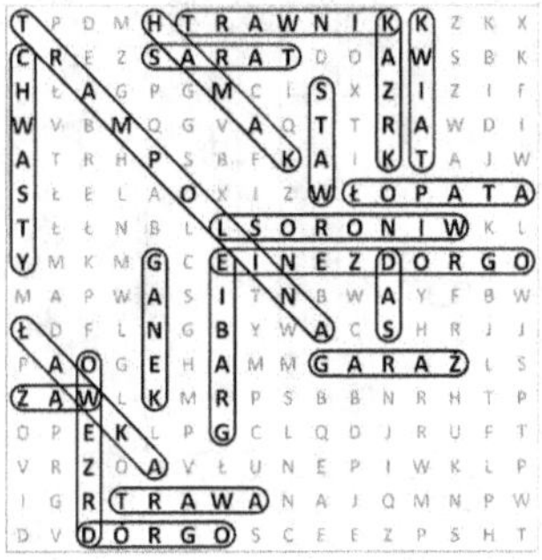

81 - Diplomacy

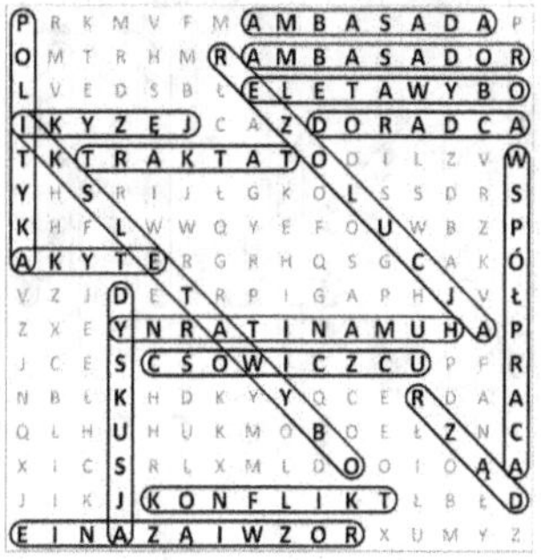

82 - Countries #1

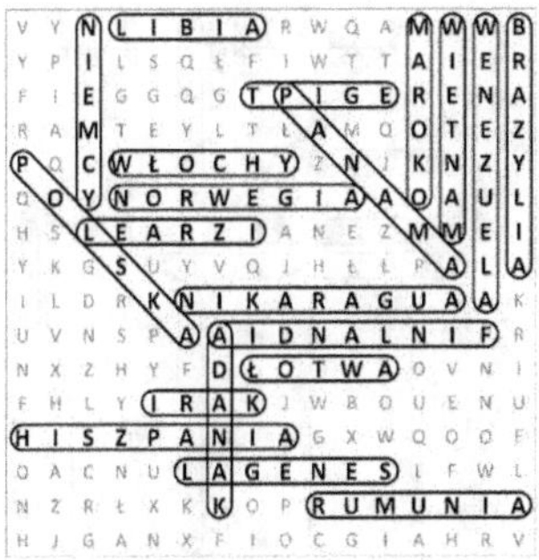

83 - Adjectives #1

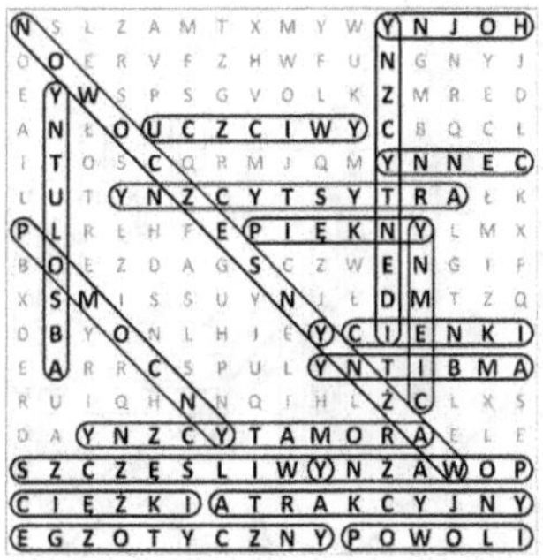

84 - Global Warming

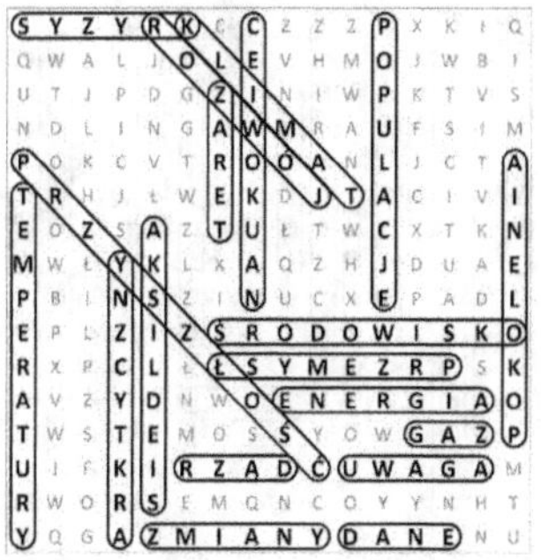

85 - Landscapes

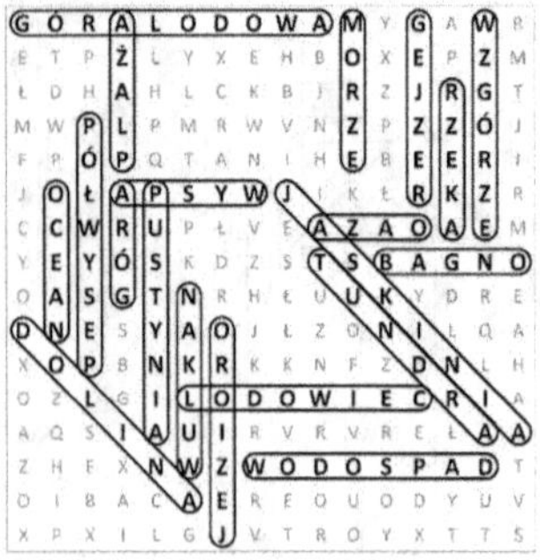

86 - Plants

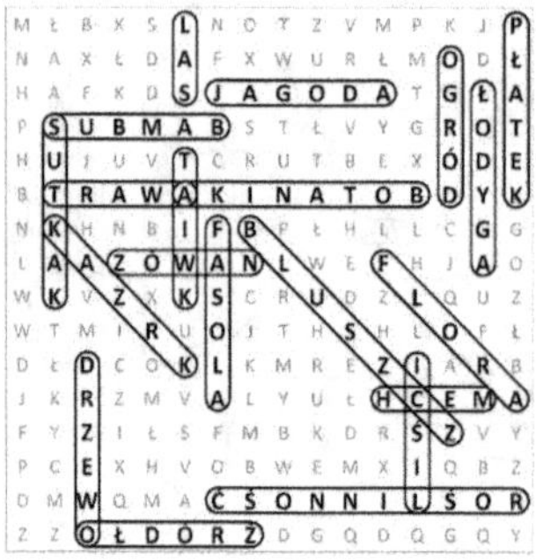

87 - Countries #2

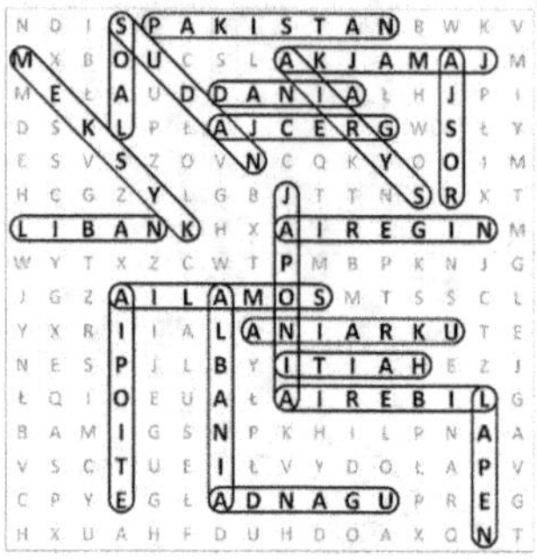

88 - Ecology

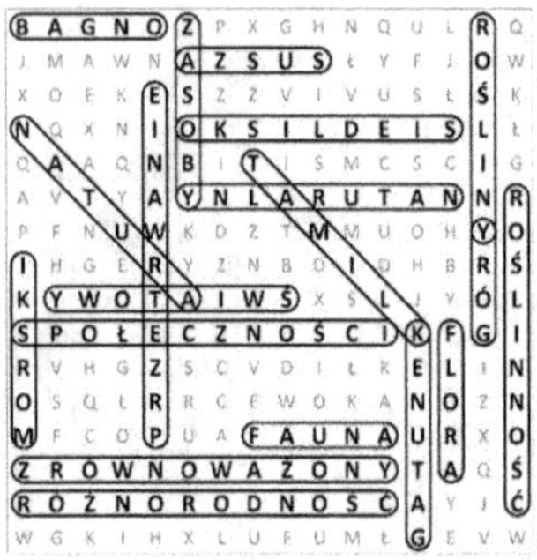

89 - Adjectives #2

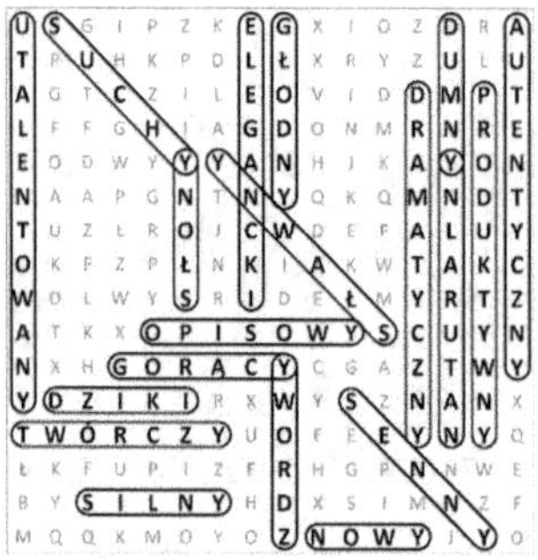

90 - Psychology

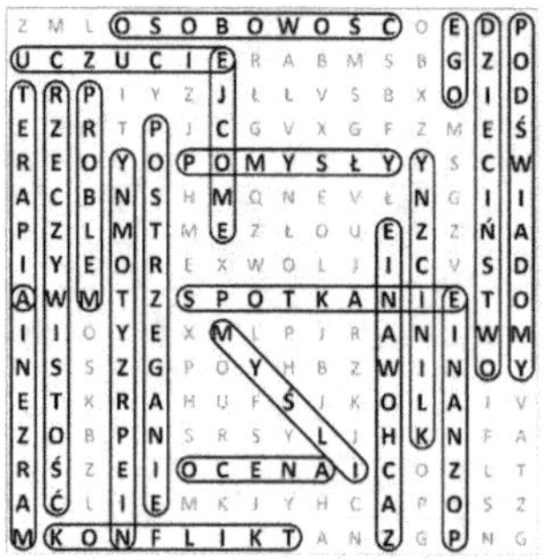

91 - Math

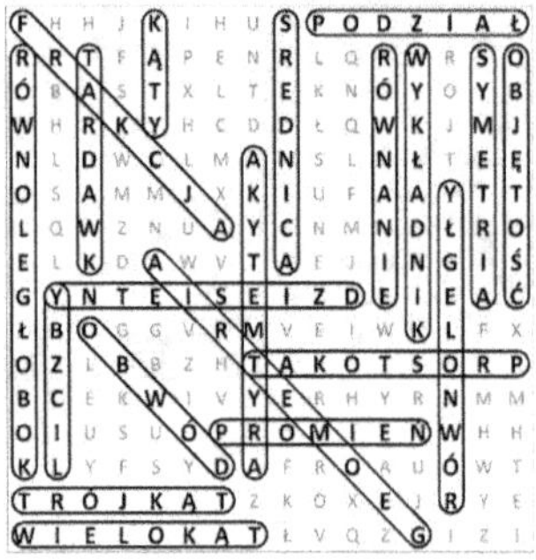

92 - Activities

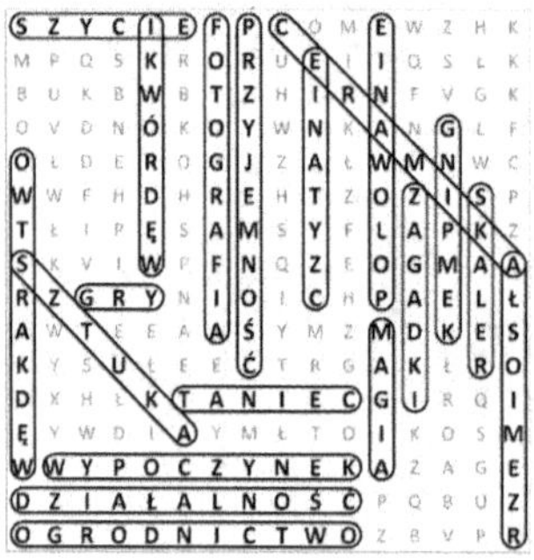

93 - Business

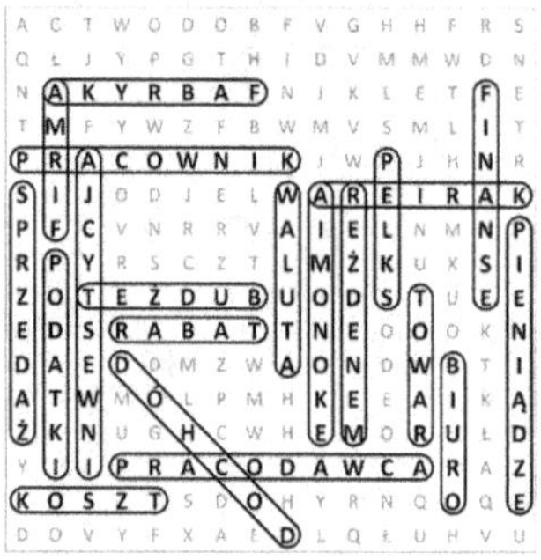

94 - The Company

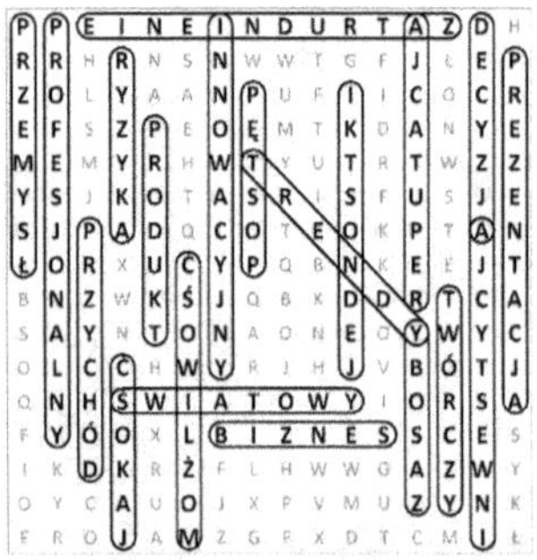

95 - Literature

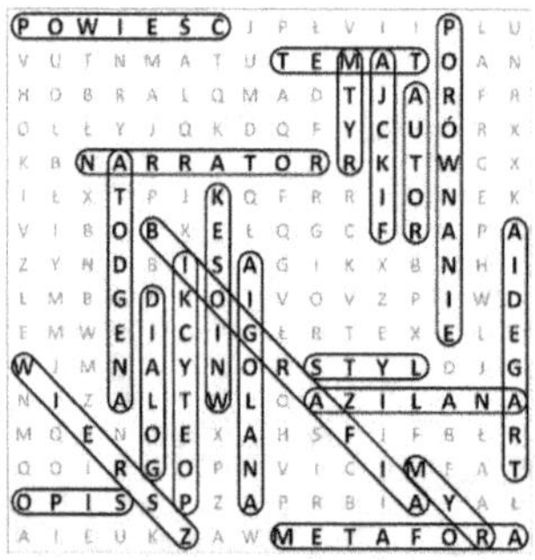

96 - Geography

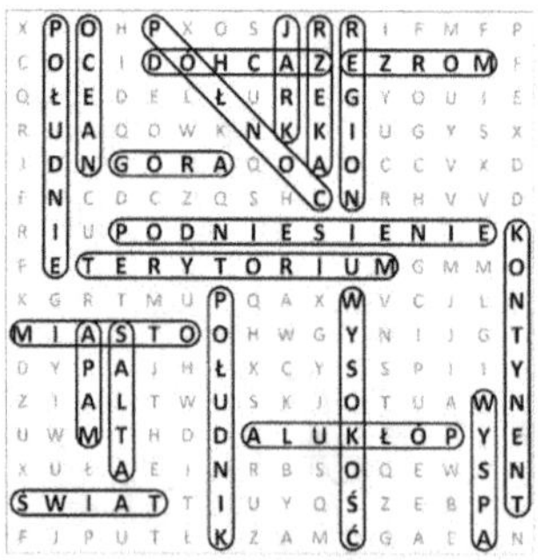

97 - Jazz

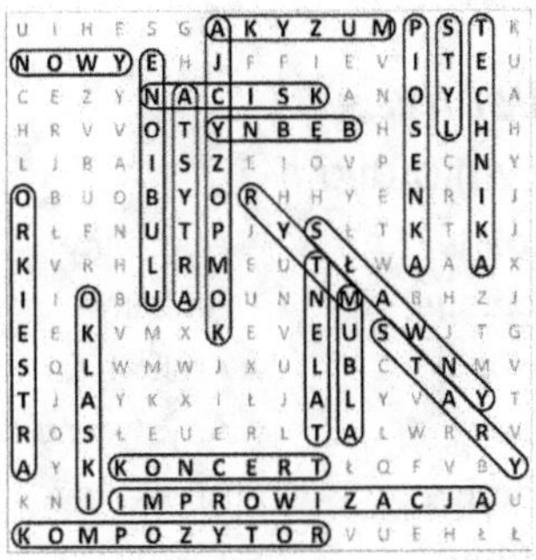

98 - Nature

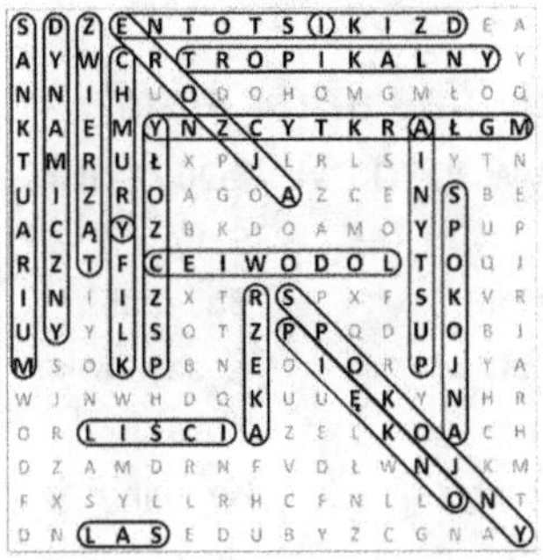

99 - Vacation #2

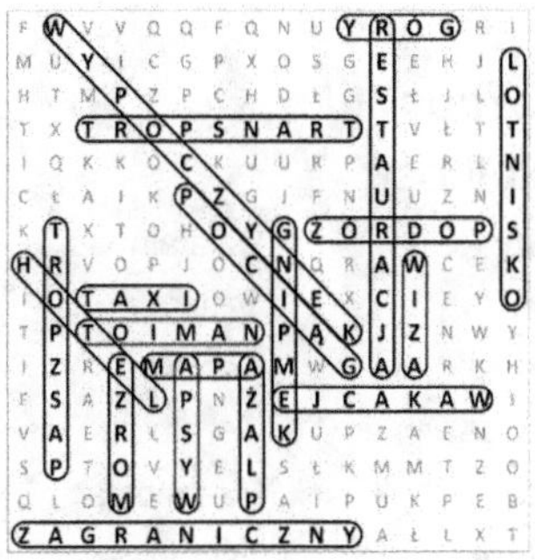

100 - Electricity

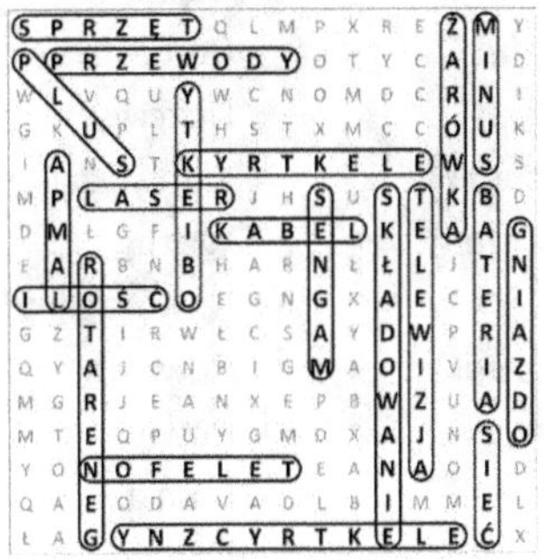

Dictionary

Activities
Działalność

Activity	Działalność
Art	Sztuka
Camping	Kemping
Ceramics	Ceramika
Crafts	Rzemiosła
Dancing	Taniec
Fishing	Wędkarstwo
Games	Gry
Gardening	Ogrodnictwo
Hiking	Wędrówki
Hunting	Polowanie
Leisure	Wypoczynek
Magic	Magia
Photography	Fotografia
Pleasure	Przyjemność
Puzzles	Zagadki
Reading	Czytanie
Relaxation	Relaks
Sewing	Szycie
Skill	Umiejętność

Activities and Leisure
Aktywność i Wypoczynek

Art	Sztuka
Baseball	Baseball
Basketball	Koszykówka
Boxing	Boks
Camping	Kemping
Diving	Nurkowanie
Fishing	Wędkarstwo
Gardening	Ogrodnictwo
Golf	Golf
Hiking	Wędrówki
Hobbies	Hobby
Painting	Malarstwo
Racing	Wyścigi
Relaxing	Odprężający
Soccer	Piłka Nożna
Surfing	Surfing
Swimming	Pływanie
Tennis	Tenis
Travel	Podróż
Volleyball	Siatkówka

Adjectives #1
Przymiotniki # 1

Absolute	Absolutny
Ambitious	Ambitny
Aromatic	Aromatyczny
Artistic	Artystyczny
Attractive	Atrakcyjny
Beautiful	Piękny
Dark	Ciemny
Exotic	Egzotyczny
Generous	Hojny
Happy	Szczęśliwy
Heavy	Ciężki
Helpful	Pomocny
Honest	Uczciwy
Identical	Identyczny
Important	Ważny
Modern	Nowoczesny
Serious	Poważny
Slow	Powoli
Thin	Cienki
Valuable	Cenny

Adjectives #2
Przymiotniki # 2

Authentic	Autentyczny
Creative	Twórczy
Descriptive	Opisowy
Dramatic	Dramatyczny
Dry	Suchy
Elegant	Elegancki
Famous	Sławny
Gifted	Utalentowany
Healthy	Zdrowy
Hot	Gorący
Hungry	Głodny
Interesting	Interesujący
Natural	Naturalny
New	Nowy
Productive	Produktywny
Proud	Dumny
Salty	Słony
Sleepy	Senny
Strong	Silny
Wild	Dziki

Agronomy
Agronomia

Agriculture	Rolnictwo
Diseases	Choroby
Ecology	Ekologia
Energy	Energia
Environment	Środowisko
Erosion	Erozja
Fertilizer	Nawóz
Food	Żywność
Growth	Wzrost
Identification	Identyfikacja
Organic	Organiczny
Plants	Rośliny
Production	Produkcja
Rural	Wiejski
Science	Nauka
Seeds	Nasiona
Study	Badanie
Systems	Systemy
Vegetables	Warzywa
Water	Woda

Airplanes
Samoloty

Adventure	Przygoda
Air	Powietrze
Atmosphere	Atmosfera
Balloon	Balon
Construction	Budowa
Crew	Załoga
Descent	Zejście
Design	Projekt
Direction	Kierunek
Engine	Silnik
Fuel	Paliwo
Height	Wysokość
History	Historia
Hydrogen	Wodór
Landing	Lądowanie
Passenger	Pasażer
Pilot	Pilot
Propellers	Śmigła
Sky	Niebo
Turbulence	Turbulencja

Algebra
Algebra

Addition	Dodatek
Diagram	Diagram
Division	Podział
Equation	Równanie
Exponent	Wykładnik
Factor	Czynnik
False	Fałszywe
Formula	Formuła
Fraction	Frakcja
Infinite	Nieskończony
Linear	Liniowy
Matrix	Matryca
Number	Numer
Parenthesis	Nawias
Problem	Problem
Simplify	Uprościć
Solution	Rozwiązanie
Subtraction	Odejmowanie
Variable	Zmienna
Zero	Zero

Antarctica
Antarktyda

Bay	Zatoka
Birds	Ptaki
Clouds	Chmury
Conservation	Ochrona
Continent	Kontynent
Cove	Zatoczka
Environment	Środowisko
Expedition	Wyprawa
Geography	Geografia
Glaciers	Lodowce
Ice	Lód
Islands	Wyspy
Migration	Migracja
Peninsula	Półwysep
Researcher	Badacz
Rocky	Skalisty
Scientific	Naukowy
Temperature	Temperatura
Topography	Topografia
Water	Woda

Antiques
Antyki

Art	Sztuka
Auction	Aukcja
Authentic	Autentyczny
Century	Stulecie
Coins	Monety
Collector	Kolekcjoner
Decades	Dekady
Decorative	Dekoracyjny
Elegant	Elegancki
Furniture	Meble
Gallery	Galeria
Investment	Inwestycja
Jewelry	Biżuteria
Old	Stary
Price	Cena
Quality	Jakość
Sculpture	Rzeźba
Style	Styl
Unusual	Niezwykły
Value	Wartość

Archeology
Archeologia

Analysis	Analiza
Ancient	Starożytny
Antiquity	Antyk
Bones	Kości
Civilization	Cywilizacja
Descendant	Potomek
Era	Era
Evaluation	Ocena
Expert	Ekspert
Findings	Wyniki
Forgotten	Zapomniany
Fossil	Skamieniałość
Mystery	Zagadka
Objects	Obiekty
Relic	Relikt
Researcher	Badacz
Team	Zespół
Temple	Świątynia
Tomb	Grobowiec
Unknown	Nieznany

Art Supplies
Materiały Artystyczne

Acrylic	Akryl
Brushes	Pędzle
Camera	Kamera
Chair	Krzesło
Clay	Glina
Colors	Kolory
Crayons	Kredki
Creativity	Kreatywność
Easel	Sztaluga
Eraser	Gumka
Glue	Klej
Ideas	Pomysły
Ink	Atrament
Oil	Olej
Paints	Farby
Paper	Papier
Pencils	Ołówki
Table	Stół
Water	Woda
Watercolors	Akwarele

Astronomy
Astronomia

Asteroid	Asteroida
Astronaut	Astronauta
Astronomer	Astronom
Constellation	Konstelacja
Cosmos	Kosmos
Earth	Ziemia
Eclipse	Zaćmienie
Equinox	Równonoc
Galaxy	Galaktyka
Meteor	Meteor
Moon	Księżyc
Nebula	Mgławica
Observatory	Obserwatorium
Planet	Planeta
Rocket	Rakieta
Satellite	Satelita
Sky	Niebo
Solar	Słoneczny
Supernova	Supernowa
Zodiac	Zodiak

Ballet
Balet

Applause	Oklaski
Artistic	Artystyczny
Audience	Publiczność
Ballerina	Balerina
Choreography	Choreografia
Composer	Kompozytor
Dancers	Tancerze
Expressive	Wyrazisty
Gesture	Gest
Graceful	Wdzięczny
Intensity	Intensywność
Lessons	Lekcje
Muscles	Mięśnie
Music	Muzyka
Orchestra	Orkiestra
Practice	Ćwiczyć
Rhythm	Rytm
Skill	Umiejętność
Style	Styl
Technique	Technika

Barbecues
Grillowanie

Chicken	Kurczak
Children	Dzieci
Dinner	Obiad
Family	Rodzina
Food	Żywność
Forks	Widelce
Friends	Przyjaciele
Fruit	Owoc
Games	Gry
Grill	Grill
Hot	Gorący
Hunger	Głód
Knives	Noże
Music	Muzyka
Salads	Sałatki
Salt	Sól
Sauce	Sos
Summer	Lato
Tomatoes	Pomidory
Vegetables	Warzywa

Beauty
Piękno

Charm	Urok
Color	Kolor
Cosmetics	Kosmetyki
Curls	Loki
Elegance	Elegancja
Elegant	Elegancki
Fragrance	Zapach
Grace	Łaska
Lipstick	Szminka
Makeup	Makijaż
Mascara	Tusz do Rzęs
Mirror	Lustro
Oils	Oleje
Photogenic	Fotogeniczny
Products	Produkty
Scissors	Nożyczki
Services	Usługi
Shampoo	Szampon
Skin	Skóra
Stylist	Stylista

Bees
Pszczoły

Beneficial	Korzystny
Blossom	Kwitnąć
Diversity	Różnorodność
Ecosystem	Ekosystem
Flowers	Kwiaty
Food	Żywność
Fruit	Owoc
Garden	Ogród
Habitat	Siedlisko
Hive	Ul
Honey	Miód
Insect	Owad
Plants	Rośliny
Pollen	Pyłek
Pollinator	Zapylacz
Queen	Królowa
Smoke	Dym
Sun	Słońce
Swarm	Rój
Wax	Wosk

Biology
Biologia

Anatomy	Anatomia
Bacteria	Bakteria
Cell	Komórka
Chromosome	Chromosom
Collagen	Kolagen
Embryo	Zarodek
Enzyme	Enzym
Evolution	Ewolucja
Hormone	Hormon
Mammal	Ssak
Mutation	Mutacja
Natural	Naturalny
Nerve	Nerw
Neuron	Neuron
Osmosis	Osmoza
Photosynthesis	Fotosynteza
Protein	Białko
Reptile	Gad
Symbiosis	Symbioza
Synapse	Synapsa

Birds
Ptaki

Canary	Kanarek
Chicken	Kurczak
Crow	Wrona
Cuckoo	Kukułka
Duck	Kaczka
Eagle	Orzeł
Egg	Jajko
Flamingo	Flaming
Goose	Gęś
Gull	Mewa
Heron	Czapla
Ostrich	Struś
Parrot	Papuga
Peacock	Paw
Pelican	Pelikan
Penguin	Pingwin
Sparrow	Wróbel
Stork	Bocian
Swan	Łabędź
Toucan	Tukan

Boats
Łodzie

Anchor	Kotwica
Buoy	Boja
Crew	Załoga
Dock	Dok
Engine	Silnik
Ferry	Prom
Kayak	Kajak
Lake	Jezioro
Mast	Maszt
Nautical	Nautyczny
Ocean	Ocean
Raft	Tratwa
River	Rzeka
Rope	Lina
Sailboat	Żaglówka
Sailor	Marynarz
Sea	Morze
Tide	Fala
Waves	Fale
Yacht	Jacht

Books
Książki

Adventure	Przygoda
Author	Autor
Collection	Kolekcja
Context	Kontekst
Duality	Dualizm
Epic	Epicki
Historical	Historyczny
Humorous	Humorystyczny
Inventive	Wynalazczy
Literary	Literacki
Narrator	Narrator
Novel	Powieść
Page	Strona
Poem	Wiersz
Poetry	Poezja
Reader	Czytelnik
Relevant	Istotne
Story	Historia
Tragic	Tragiczny
Written	Pisemny

Buildings
Budynek

Apartment	Apartament
Barn	Stodoła
Cabin	Kabina
Castle	Zamek
Cinema	Kino
Embassy	Ambasada
Factory	Fabryka
Hospital	Szpital
Hostel	Hostel
Hotel	Hotel
Laboratory	Laboratorium
Museum	Muzeum
Observatory	Obserwatorium
School	Szkoła
Stadium	Stadion
Supermarket	Supermarket
Tent	Namiot
Theater	Teatr
Tower	Wieża
University	Uniwersytet

Business
Biznes

Budget	Budżet
Career	Kariera
Company	Firma
Cost	Koszt
Currency	Waluta
Discount	Rabat
Economics	Ekonomia
Employee	Pracownik
Employer	Pracodawca
Factory	Fabryka
Finance	Finanse
Income	Dochód
Investment	Inwestycja
Manager	Menedżer
Merchandise	Towar
Money	Pieniądze
Office	Biuro
Sale	Sprzedaż
Shop	Sklep
Taxes	Podatki

Camping
Kemping

Adventure	Przygoda
Animals	Zwierząt
Cabin	Kabina
Canoe	Kajak
Compass	Kompas
Fire	Ogień
Forest	Las
Fun	Zabawa
Hammock	Hamak
Hat	Kapelusz
Hunting	Polowanie
Insect	Owad
Lake	Jezioro
Map	Mapa
Moon	Księżyc
Mountain	Góra
Nature	Natura
Rope	Lina
Tent	Namiot
Trees	Drzewa

Chemistry
Chemia

Acid	Kwas
Alkaline	Alkaliczny
Atomic	Atomowy
Carbon	Węgiel
Catalyst	Katalizator
Chlorine	Chlor
Electron	Elektron
Enzyme	Enzym
Gas	Gaz
Heat	Ciepło
Hydrogen	Wodór
Ion	Jon
Liquid	Ciecz
Molecule	Cząsteczka
Nuclear	Jądrowy
Organic	Organiczny
Oxygen	Tlen
Salt	Sól
Temperature	Temperatura
Weight	Waga

Clothes
Ubrania

Apron	Fartuch
Belt	Pas
Blouse	Bluza
Bracelet	Bransoletka
Coat	Płaszcz
Dress	Sukienka
Fashion	Moda
Gloves	Rękawiczki
Hat	Kapelusz
Jacket	Kurtka
Jeans	Dżinsy
Jewelry	Biżuteria
Pajamas	Piżama
Pants	Spodnie
Sandals	Sandały
Scarf	Szalik
Shirt	Koszula
Shoe	But
Skirt	Spódnica
Sweater	Sweter

Coffee
Kawa

Acidic	Kwaśny
Aroma	Aromat
Beverage	Napój
Bitter	Gorzki
Black	Czarny
Caffeine	Kofeina
Cream	Krem
Cup	Filiżanka
Filter	Filtr
Flavor	Smak
Grind	Mielić
Liquid	Ciecz
Milk	Mleko
Morning	Rano
Origin	Pochodzenie
Price	Cena
Roasted	Pieczony
Sugar	Cukier
Variety	Odmiana
Water	Woda

Countries #1
Kraje # 1

Brazil	Brazylia
Canada	Kanada
Egypt	Egipt
Finland	Finlandia
Germany	Niemcy
Iraq	Irak
Israel	Izrael
Italy	Włochy
Latvia	Łotwa
Libya	Libia
Morocco	Maroko
Nicaragua	Nikaragua
Norway	Norwegia
Panama	Panama
Poland	Polska
Romania	Rumunia
Senegal	Senegal
Spain	Hiszpania
Venezuela	Wenezuela
Vietnam	Wietnam

Countries #2
Kraje # 2

Albania	Albania
Denmark	Dania
Ethiopia	Etiopia
Greece	Grecja
Haiti	Haiti
Jamaica	Jamajka
Japan	Japonia
Laos	Laos
Lebanon	Liban
Liberia	Liberia
Mexico	Meksyk
Nepal	Nepal
Nigeria	Nigeria
Pakistan	Pakistan
Russia	Rosja
Somalia	Somalia
Sudan	Sudan
Syria	Syria
Uganda	Uganda
Ukraine	Ukraina

Creativity
Kreatywność

Artistic	Artystyczny
Authenticity	Autentyczność
Clarity	Przejrzystość
Dramatic	Dramatyczny
Emotions	Emocje
Expression	Wyrażenie
Fluidity	Płynność
Ideas	Pomysły
Image	Obraz
Imagination	Wyobraźnia
Impression	Wrażenie
Inspiration	Inspiracja
Intensity	Intensywność
Intuition	Intuicja
Inventive	Wynalazczy
Sensation	Uczucie
Skill	Umiejętność
Spontaneous	Spontaniczny
Visions	Wizje
Vitality	Witalność

Dance
Taniec

Academy	Akademia
Art	Sztuka
Body	Ciało
Choreography	Choreografia
Classical	Klasyczny
Cultural	Kulturalny
Culture	Kultura
Emotion	Emocja
Expressive	Wyrazisty
Grace	Łaska
Joyful	Radosny
Jump	Skok
Movement	Ruch
Music	Muzyka
Partner	Partner
Posture	Postawa
Rehearsal	Próba
Rhythm	Rytm
Traditional	Tradycyjny
Visual	Wizualny

Days and Months
Dni i Miesiące

April	Kwiecień
August	Sierpień
Calendar	Kalendarz
February	Luty
Friday	Piątek
January	Styczeń
July	Lipiec
March	Marsz
Monday	Poniedziałek
Month	Miesiąc
November	Listopad
October	Październik
Saturday	Sobota
September	Wrzesień
Sunday	Niedziela
Thursday	Czwartek
Tuesday	Wtorek
Wednesday	Środa
Week	Tydzień
Year	Rok

Diplomacy
Dyplomacja

Adviser	Doradca
Ambassador	Ambasador
Citizens	Obywatele
Civic	Obywatelski
Community	Społeczność
Conflict	Konflikt
Cooperation	Współpraca
Diplomatic	Dyplomatyczny
Discussion	Dyskusja
Embassy	Ambasada
Ethics	Etyka
Foreign	Zagraniczny
Government	Rząd
Humanitarian	Humanitarny
Integrity	Uczciwość
Languages	Języki
Politics	Polityka
Resolution	Rezolucja
Solution	Rozwiązanie
Treaty	Traktat

Disease
Choroby

Abdominal	Brzuszny
Allergies	Alergie
Bacterial	Bakteryjny
Body	Ciało
Bones	Kości
Chronic	Chroniczny
Contagious	Zaraźliwy
Genetic	Genetyczny
Health	Zdrowie
Heart	Serce
Hereditary	Dziedziczny
Immunity	Odporność
Inflammation	Zapalenie
Lumbar	Lędźwiowy
Neuropathy	Neuropatia
Pathogens	Patogeny
Respiratory	Oddechowy
Syndrome	Zespół
Therapy	Terapia
Weak	Słaby

Driving
Prowadzenie Pojazdów

Accident	Wypadek
Brakes	Hamulce
Car	Samochód
Driver	Kierowca
Fuel	Paliwo
Garage	Garaż
Gas	Gaz
License	Licencja
Map	Mapa
Motor	Silnik
Motorcycle	Motocykl
Pedestrian	Pieszy
Police	Policja
Road	Droga
Speed	Prędkość
Street	Ulica
Traffic	Ruch Drogowy
Transportation	Transport
Truck	Ciężarówka
Tunnel	Tunel

Ecology
Ekologia

Climate	Klimat
Communities	Społeczności
Diversity	Różnorodność
Drought	Susza
Fauna	Fauna
Flora	Flora
Global	Światowy
Habitat	Siedlisko
Marine	Morski
Marsh	Bagno
Mountains	Góry
Natural	Naturalny
Nature	Natura
Plants	Rośliny
Resources	Zasoby
Species	Gatunek
Survival	Przetrwanie
Sustainable	Zrównoważony
Vegetation	Roślinność
Volunteers	Wolontariusze

Electricity
Elektryczność

Battery	Bateria
Bulb	Żarówka
Cable	Kabel
Electric	Elektryczny
Electrician	Elektryk
Equipment	Sprzęt
Generator	Generator
Lamp	Lampa
Laser	Laser
Magnet	Magnes
Negative	Minus
Network	Sieć
Objects	Obiekty
Positive	Plus
Quantity	Ilość
Socket	Gniazdo
Storage	Składowanie
Telephone	Telefon
Television	Telewizja
Wires	Przewody

Energy
Energia

Battery	Bateria
Carbon	Węgiel
Diesel	Diesel
Electric	Elektryczny
Electron	Elektron
Entropy	Entropia
Environment	Środowisko
Fuel	Paliwo
Gasoline	Benzyna
Heat	Ciepło
Hydrogen	Wodór
Industry	Przemysł
Motor	Silnik
Nuclear	Jądrowy
Photon	Foton
Renewable	Odnawialne
Steam	Parowy
Sun	Słońce
Turbine	Turbina
Wind	Wiatr

Engineering
Inżynieria

Angle	Kąt
Axis	Oś
Calculation	Obliczeń
Construction	Budowa
Depth	Głębokość
Diagram	Diagram
Diameter	Średnica
Diesel	Diesel
Dimensions	Wymiary
Distribution	Dystrybucja
Energy	Energia
Levers	Dźwignie
Liquid	Ciecz
Machine	Maszyna
Measurement	Pomiar
Motor	Silnik
Propulsion	Napęd
Stability	Stabilność
Strength	Siła
Structure	Struktura

Family
Rodzina

Ancestor	Przodek
Aunt	Ciotka
Brother	Brat
Child	Dziecko
Childhood	Dzieciństwo
Children	Dzieci
Cousin	Kuzyn
Daughter	Córka
Father	Ojciec
Grandfather	Dziadek
Grandson	Wnuk
Husband	Mąż
Maternal	Macierzyński
Mother	Matka
Nephew	Bratanek
Niece	Siostrzenica
Paternal	Ojcowski
Sister	Siostra
Uncle	Wujek
Wife	Żona

Farm #1
Gospodarstwo #1

Agriculture	Rolnictwo
Bee	Pszczoła
Bison	Bizon
Calf	Cielę
Cat	Kot
Chicken	Kurczak
Cow	Krowa
Crow	Wrona
Dog	Pies
Donkey	Osioł
Fence	Ogrodzenie
Fertilizer	Nawóz
Field	Pole
Goat	Koza
Hay	Siano
Honey	Miód
Horse	Koń
Rice	Ryż
Seeds	Nasiona
Water	Woda

Farm #2
Gospodarstwo #2

Animals	Zwierząt
Barley	Jęczmień
Barn	Stodoła
Corn	Kukurydza
Duck	Kaczka
Farmer	Rolnik
Food	Żywność
Fruit	Owoc
Irrigation	Nawadnianie
Lamb	Jagnię
Llama	Lama
Meadow	Łąka
Milk	Mleko
Orchard	Sad
Sheep	Owce
Shepherd	Pasterz
Tractor	Ciągnik
Vegetable	Warzywo
Wheat	Pszenica
Windmill	Wiatrak

Fashion
Moda

Affordable	Niedrogie
Boutique	Butik
Buttons	Przyciski
Clothing	Odzież
Comfortable	Wygodny
Elegant	Elegancki
Embroidery	Haft
Expensive	Drogi
Fabric	Tkanina
Lace	Koronki
Measurements	Pomiary
Modern	Nowoczesny
Modest	Skromny
Original	Oryginał
Pattern	Wzór
Practical	Praktyczny
Simple	Prosty
Style	Styl
Texture	Tekstura
Trend	Tendencja

Flowers
Kwiaty

Bouquet	Bukiet
Clover	Koniczyna
Daffodil	Żonkil
Daisy	Stokrotka
Gardenia	Gardenia
Hibiscus	Hibiskus
Jasmine	Jaśmin
Lavender	Lawenda
Lilac	Liliowy
Lily	Lilia
Magnolia	Magnolia
Orchid	Orchidea
Passionflower	Passionflower
Peony	Piwonia
Petal	Płatek
Plumeria	Plumeria
Poppy	Mak
Rose	Róża
Sunflower	Słonecznik
Tulip	Tulipan

Food #1
Jedzenie # 1

Apricot	Morela
Barley	Jęczmień
Basil	Bazylia
Carrot	Marchewka
Cinnamon	Cynamon
Garlic	Czosnek
Juice	Sok
Lemon	Cytryna
Milk	Mleko
Onion	Cebula
Peanut	Arachid
Pear	Gruszka
Salad	Sałatka
Salt	Sól
Soup	Zupa
Spinach	Szpinak
Strawberry	Truskawka
Sugar	Cukier
Tuna	Tuńczyk
Turnip	Rzepa

Food #2
Jedzenie # 2

Apple	Jabłko
Artichoke	Karczoch
Banana	Banan
Broccoli	Brokuły
Celery	Seler
Cheese	Ser
Cherry	Wiśnia
Chicken	Kurczak
Chocolate	Czekolada
Egg	Jajko
Eggplant	Bakłażan
Fish	Ryba
Grape	Winogrono
Ham	Szynka
Kiwi	Kiwi
Mushroom	Grzyb
Rice	Ryż
Tomato	Pomidor
Wheat	Pszenica
Yogurt	Jogurt

Force and Gravity
Siła i Grawitacja

Axis	Oś
Center	Centrum
Discovery	Odkrycie
Distance	Odległość
Dynamic	Dynamiczny
Expansion	Ekspansja
Friction	Tarcie
Impact	Wpływ
Magnetism	Magnetyzm
Magnitude	Wielkość
Mechanics	Mechanika
Motion	Ruch
Orbit	Orbita
Physics	Fizyka
Pressure	Ciśnienie
Properties	Właściwości
Speed	Prędkość
Time	Czas
Universal	Uniwersalny
Weight	Waga

Fruit
Owoce

Apple	Jabłko
Apricot	Morela
Avocado	Awokado
Banana	Banan
Berry	Jagoda
Cherry	Wiśnia
Coconut	Kokos
Fig	Figa
Grape	Winogrono
Guava	Guawa
Kiwi	Kiwi
Lemon	Cytryna
Mango	Mango
Melon	Melon
Nectarine	Nektaryna
Papaya	Papaja
Peach	Brzoskwinia
Pear	Gruszka
Pineapple	Ananas
Raspberry	Malina

Garden
Ogród

Bench	Ławka
Bush	Krzak
Fence	Ogrodzenie
Flower	Kwiat
Garage	Garaż
Garden	Ogród
Grass	Trawa
Hammock	Hamak
Hose	Wąż
Lawn	Trawnik
Orchard	Sad
Pond	Staw
Porch	Ganek
Rake	Grabie
Shovel	Łopata
Terrace	Taras
Trampoline	Trampolina
Tree	Drzewo
Vine	Winorośl
Weeds	Chwasty

Gardening
Prace Ogrodowe

Blossom	Kwitnąć
Botanical	Botaniczny
Bouquet	Bukiet
Climate	Klimat
Compost	Kompost
Container	Pojemnik
Dirt	Brud
Edible	Jadalny
Exotic	Egzotyczny
Floral	Kwiatowy
Foliage	Liści
Hose	Wąż
Leaf	Liść
Moisture	Wilgoć
Orchard	Sad
Seasonal	Sezonowy
Seeds	Nasiona
Soil	Gleba
Species	Gatunek
Water	Woda

Geography
Geografia

Altitude	Wysokość
Atlas	Atlas
City	Miasto
Continent	Kontynent
Country	Kraj
Elevation	Podniesienie
Hemisphere	Półkula
Island	Wyspa
Map	Mapa
Meridian	Południk
Mountain	Góra
North	Północ
Ocean	Ocean
Region	Region
River	Rzeka
Sea	Morze
South	Południe
Territory	Terytorium
West	Zachód
World	Świat

Geology
Geologia

Acid	Kwas
Calcium	Wapń
Cavern	Grota
Continent	Kontynent
Coral	Koral
Crystals	Kryształy
Cycles	Cykle
Erosion	Erozja
Fossil	Skamieniałość
Geyser	Gejzer
Lava	Lawa
Layer	Warstwa
Minerals	Minerały
Molten	Ciekły
Plateau	Płaskowyż
Quartz	Kwarc
Salt	Sól
Stalactite	Stalaktyt
Stone	Kamień
Volcano	Wulkan

Geometry
Geometria

Angle	Kąt
Calculation	Obliczeń
Circle	Koło
Curve	Krzywa
Diameter	Średnica
Dimension	Wymiar
Equation	Równanie
Height	Wysokość
Horizontal	Poziomy
Logic	Logika
Mass	Masa
Median	Mediana
Number	Numer
Parallel	Równoległy
Proportion	Proporcja
Segment	Człon
Surface	Powierzchnia
Symmetry	Symetria
Theory	Teoria
Triangle	Trójkąt

Global Warming
Globalne Ocieplenie

Arctic	Arktyczny
Attention	Uwaga
Changes	Zmiany
Climate	Klimat
Crisis	Kryzys
Data	Dane
Development	Rozwój
Energy	Energia
Environmental	Środowisko
Future	Przyszłość
Gas	Gaz
Generations	Pokolenia
Government	Rząd
Habitats	Siedliska
Industry	Przemysł
Legislation	Ustawodawstwo
Now	Teraz
Populations	Populacje
Scientist	Naukowiec
Temperatures	Temperatury

Government
Rząd

Citizenship	Obywatelstwo
Civil	Cywilny
Constitution	Konstytucja
Democracy	Demokracja
Discussion	Dyskusja
District	Dzielnica
Equality	Równość
Independence	Niezależność
Judicial	Sądowy
Law	Prawo
Leader	Lider
Liberty	Wolność
Monument	Pomnik
Nation	Naród
National	Krajowe
Peaceful	Spokojna
Politics	Polityka
Speech	Mowa
State	Stan
Symbol	Symbol

Hair Types
Rodzaje Włosów

Bald	Łysy
Black	Czarny
Blond	Blond
Braided	Pleciony
Braids	Warkocze
Brown	Brązowy
Colored	Kolorowe
Curls	Loki
Curly	Kręcone
Dry	Suchy
Gray	Szary
Healthy	Zdrowy
Long	Długie
Shiny	Błyszczący
Short	Krótki
Soft	Miękki
Thick	Gruby
Thin	Cienki
Wavy	Falisty
White	Biały

Health and Wellness #1
Zdrowie i Wellness # 1

Active	Aktywny
Bacteria	Bakteria
Bones	Kości
Clinic	Klinika
Doctor	Lekarz
Fracture	Złamanie
Habit	Nawyk
Height	Wysokość
Hormones	Hormony
Hunger	Głód
Muscles	Mięśnie
Nerves	Nerwy
Pharmacy	Apteka
Reflex	Odruch
Relaxation	Relaks
Skin	Skóra
Therapy	Terapia
To Breathe	Oddychać
Treatment	Leczenie
Virus	Wirus

Health and Wellness #2
Zdrowie i Wellness # 2

Allergy	Alergia
Anatomy	Anatomia
Appetite	Apetyt
Blood	Krew
Calorie	Kaloria
Dehydration	Odwodnienie
Diet	Dieta
Disease	Choroba
Energy	Energia
Genetics	Genetyka
Healthy	Zdrowy
Hospital	Szpital
Hygiene	Higiena
Infection	Infekcja
Massage	Masaż
Mood	Nastrój
Nutrition	Odżywianie
Stress	Stres
Vitamin	Witamina
Weight	Waga

Herbalism
Zielarstwo

Aromatic	Aromatyczny
Basil	Bazylia
Beneficial	Korzystny
Culinary	Kulinarny
Fennel	Koper Włoski
Flavor	Smak
Flower	Kwiat
Garden	Ogród
Garlic	Czosnek
Green	Zielony
Ingredient	Składnik
Lavender	Lawenda
Marjoram	Majeranek
Mint	Mięta
Oregano	Oregano
Parsley	Pietruszka
Plant	Roślina
Rosemary	Rozmaryn
Saffron	Szafran
Tarragon	Estragon

Hiking
Turystyka Piesza

Animals	Zwierząt
Boots	Buty
Camping	Kemping
Cliff	Klif
Climate	Klimat
Guides	Przewodniki
Hazards	Zagrożenia
Heavy	Ciężki
Map	Mapa
Mountain	Góra
Nature	Natura
Orientation	Orientacja
Parks	Parki
Preparation	Przygotowanie
Stones	Kamienie
Summit	Szczyt
Sun	Słońce
Tired	Zmęczony
Water	Woda
Wild	Dziki

House
Dom

Attic	Strych
Broom	Miotła
Curtains	Zasłony
Door	Drzwi
Fence	Ogrodzenie
Fireplace	Kominek
Floor	Piętro
Furniture	Meble
Garage	Garaż
Garden	Ogród
Keys	Klucze
Kitchen	Kuchnia
Lamp	Lampa
Library	Biblioteka
Mirror	Lustro
Roof	Dach
Room	Pokój
Shower	Prysznic
Wall	Ściana
Window	Okno

Human Body
Ciało Ludzkie

Ankle	Kostka
Blood	Krew
Bones	Kości
Brain	Mózg
Chin	Podbródek
Ear	Ucho
Elbow	Łokieć
Face	Twarz
Finger	Palec
Hand	Ręka
Head	Głowa
Heart	Serce
Jaw	Szczęka
Knee	Kolano
Leg	Noga
Mouth	Usta
Neck	Szyja
Nose	Nos
Shoulder	Ramię
Skin	Skóra

Insects
Owady

Ant	Mrówka
Aphid	Mszyca
Bee	Pszczoła
Beetle	Chrząszcz
Butterfly	Motyl
Cicada	Cykada
Cockroach	Karaluch
Dragonfly	Ważka
Flea	Pchła
Grasshopper	Konik Polny
Hornet	Szerszeń
Ladybug	Biedronka
Larva	Larwa
Locust	Szarańcza
Mantis	Modliszka
Mosquito	Komar
Moth	Ćma
Termite	Termit
Wasp	Osa
Worm	Robak

Jazz
Jazz

Album	Album
Applause	Oklaski
Artist	Artysta
Composer	Kompozytor
Composition	Kompozycja
Concert	Koncert
Drums	Bębny
Emphasis	Nacisk
Famous	Sławny
Favorites	Ulubione
Improvisation	Improwizacja
Music	Muzyka
New	Nowy
Old	Stary
Orchestra	Orkiestra
Rhythm	Rytm
Song	Piosenka
Style	Styl
Talent	Talent
Technique	Technika

Kitchen
Kuchnia

Apron	Fartuch
Bowl	Miska
Chopsticks	Pałeczki
Cups	Kubki
Food	Żywność
Forks	Widelce
Freezer	Zamrażarka
Grill	Grill
Jar	Słoik
Jug	Dzbanek
Kettle	Czajnik
Knives	Noże
Napkin	Serwetka
Oven	Piekarnik
Recipe	Przepis
Refrigerator	Lodówka
Spices	Przyprawy
Sponge	Gąbka
Spoons	Łyżki
To Eat	Jeść

Landscapes
Krajobrazy

Beach	Plaża
Cave	Jaskinia
Desert	Pustynia
Geyser	Gejzer
Glacier	Lodowiec
Hill	Wzgórze
Iceberg	Góra Lodowa
Island	Wyspa
Lake	Jezioro
Mountain	Góra
Oasis	Oaza
Ocean	Ocean
Peninsula	Półwysep
River	Rzeka
Sea	Morze
Swamp	Bagno
Tundra	Tundra
Valley	Dolina
Volcano	Wulkan
Waterfall	Wodospad

Literature
Literatura

Analogy	Analogia
Analysis	Analiza
Anecdote	Anegdota
Author	Autor
Biography	Biografia
Comparison	Porównanie
Conclusion	Wniosek
Description	Opis
Dialogue	Dialog
Fiction	Fikcja
Metaphor	Metafora
Narrator	Narrator
Novel	Powieść
Poem	Wiersz
Poetic	Poetycki
Rhyme	Rym
Rhythm	Rytm
Style	Styl
Theme	Temat
Tragedy	Tragedia

Mammals
Ssaki

Bear	Niedźwiedź
Beaver	Bóbr
Bull	Byk
Cat	Kot
Coyote	Kojot
Dog	Pies
Dolphin	Delfin
Elephant	Słoń
Fox	Lis
Giraffe	Żyrafa
Gorilla	Goryl
Horse	Koń
Kangaroo	Kangur
Lion	Lew
Monkey	Małpa
Rabbit	Królik
Sheep	Owce
Whale	Wieloryb
Wolf	Wilk
Zebra	Zebra

Math
Matematyka

Angles	Kąty
Arithmetic	Arytmetyka
Circumference	Obwód
Decimal	Dziesiętny
Diameter	Średnica
Division	Podział
Equation	Równanie
Exponent	Wykładnik
Fraction	Frakcja
Geometry	Geometria
Numbers	Liczby
Parallel	Równoległy
Parallelogram	Równoległobok
Polygon	Wielokąt
Radius	Promień
Rectangle	Prostokąt
Square	Kwadrat
Symmetry	Symetria
Triangle	Trójkąt
Volume	Objętość

Measurements
Pomiary

Byte	Bajt
Centimeter	Centymetr
Decimal	Dziesiętny
Degree	Stopień
Depth	Głębokość
Gram	Gram
Height	Wysokość
Inch	Cal
Kilogram	Kilogram
Kilometer	Kilometr
Length	Długość
Liter	Litr
Mass	Masa
Meter	Metr
Minute	Minuta
Ounce	Uncja
Ton	Tona
Volume	Objętość
Weight	Waga
Width	Szerokość

Meditation
Medytacja

Acceptance	Przyjęcie
Attention	Uwaga
Awake	Obudzić
Breathing	Oddechowy
Calm	Spokój
Clarity	Przejrzystość
Compassion	Współczucie
Emotions	Emocje
Gratitude	Wdzięczność
Habits	Nawyki
Kindness	Życzliwość
Mental	Psychiczny
Mind	Umysł
Movement	Ruch
Music	Muzyka
Nature	Natura
Peace	Pokój
Perspective	Perspektywa
Silence	Cisza
Thoughts	Myśli

Music
Muzyka

Album	Album
Ballad	Ballada
Chorus	Chór
Classical	Klasyczny
Eclectic	Eklektyczny
Harmonic	Harmoniczny
Harmony	Harmonia
Lyrical	Liryczny
Melody	Melodia
Microphone	Mikrofon
Musical	Musical
Musician	Muzyk
Opera	Opera
Poetic	Poetycki
Recording	Nagranie
Rhythm	Rytm
Rhythmic	Rytmiczny
Sing	Śpiewać
Singer	Piosenkarz
Vocal	Wokal

Musical Instruments
Instrumenty Muzyczne

Banjo	Banjo
Bassoon	Fagot
Cello	Wiolonczela
Clarinet	Klarnet
Drum	Bęben
Flute	Flet
Gong	Gong
Guitar	Gitara
Harmonica	Harmonijka
Harp	Harfa
Mandolin	Mandolina
Marimba	Marimba
Oboe	Obój
Percussion	Perkusja
Piano	Pianino
Saxophone	Saksofon
Tambourine	Tamburyn
Trombone	Puzon
Trumpet	Trąbka
Violin	Skrzypce

Mythology
Mitologia

Archetype	Archetyp
Behavior	Zachowanie
Beliefs	Wierzenia
Creation	Kreacja
Creature	Stworzenie
Culture	Kultura
Deities	Bóstw
Disaster	Katastrofa
Heaven	Niebo
Hero	Bohater
Jealousy	Zazdrość
Labyrinth	Labirynt
Legend	Legenda
Lightning	Piorun
Monster	Potwór
Mortal	Śmiertelny
Revenge	Zemsta
Strength	Siła
Thunder	Grzmot
Warrior	Wojownik

Nature
Przyroda

Animals	Zwierząt
Arctic	Arktyczny
Beauty	Piękno
Bees	Pszczoły
Cliffs	Klify
Clouds	Chmury
Desert	Pustynia
Dynamic	Dynamiczny
Erosion	Erozja
Fog	Mgła
Foliage	Liści
Forest	Las
Glacier	Lodowiec
Peaceful	Spokojna
River	Rzeka
Sanctuary	Sanktuarium
Serene	Spokojny
Tropical	Tropikalny
Vital	Istotne
Wild	Dziki

Numbers
Liczby

Decimal	Dziesiętny
Eight	Osiem
Eighteen	Osiemnaście
Fifteen	Piętnaście
Five	Pięć
Four	Cztery
Fourteen	Czternaście
Nine	Dziewięć
One	Jeden
Seven	Siedem
Seventeen	Siedemnaście
Six	Sześć
Sixteen	Szesnaście
Ten	Dziesięć
Thirteen	Trzynaście
Three	Trzy
Twelve	Dwanaście
Twenty	Dwadzieścia
Two	Dwa
Zero	Zero

Nutrition
Odżywianie

Appetite	Apetyt
Balanced	Zrównoważony
Bitter	Gorzki
Calories	Kalorie
Carbohydrates	Węglowodany
Diet	Dieta
Digestion	Trawienie
Edible	Jadalny
Fermentation	Fermentacja
Flavor	Smak
Habits	Nawyki
Health	Zdrowie
Healthy	Zdrowy
Liquids	Płyny
Proteins	Białka
Quality	Jakość
Sauce	Sos
Toxin	Toksyna
Vitamin	Witamina
Weight	Waga

Ocean
Ocean

Algae	Glony
Coral	Koral
Crab	Krab
Dolphin	Delfin
Eel	Węgorz
Fish	Ryba
Jellyfish	Meduza
Octopus	Ośmiornica
Oyster	Ostryga
Reef	Rafa
Salt	Sól
Seaweed	Wodorost
Shark	Rekin
Shrimp	Krewetka
Sponge	Gąbka
Storm	Burza
Tides	Pływy
Tuna	Tuńczyk
Turtle	Żółw
Whale	Wieloryb

Philanthropy
Filantropia

Challenges	Wyzwania
Charity	Dobroczynność
Children	Dzieci
Community	Społeczność
Contacts	Łączność
Donate	Podarować
Finance	Finanse
Funds	Fundusze
Generosity	Hojność
Goals	Cele
Groups	Grupy
History	Historia
Honesty	Uczciwość
Humanity	Ludzkość
Mission	Misja
Need	Potrzeba
People	Ludzie
Programs	Programy
Public	Publiczny
Youth	Młodzież

Physics
Fizyka

Atom	Atom
Chaos	Chaos
Chemical	Chemiczny
Density	Gęstość
Electron	Elektron
Engine	Silnik
Expansion	Ekspansja
Experiment	Eksperyment
Formula	Formuła
Frequency	Częstotliwość
Gas	Gaz
Magnetism	Magnetyzm
Mass	Masa
Mechanics	Mechanika
Molecule	Cząsteczka
Nuclear	Jądrowy
Particle	Cząstka
Relativity	Względność
Universal	Uniwersalny
Velocity	Prędkość

Plants
Rośliny

Bamboo	Bambus
Bean	Fasola
Berry	Jagoda
Botany	Botanika
Bush	Krzak
Cactus	Kaktus
Fertilizer	Nawóz
Flora	Flora
Flower	Kwiat
Foliage	Liści
Forest	Las
Garden	Ogród
Grass	Trawa
Ivy	Bluszcz
Moss	Mech
Petal	Płatek
Root	Źródło
Stem	Łodyga
Tree	Drzewo
Vegetation	Roślinność

Professions #1
Zawody # 1

Ambassador	Ambasador
Astronomer	Astronom
Attorney	Adwokat
Banker	Bankier
Cartographer	Kartograf
Coach	Trener
Dancer	Tancerz
Doctor	Lekarz
Editor	Redaktor
Geologist	Geolog
Hunter	Myśliwy
Jeweler	Jubiler
Lawyer	Prawnik
Musician	Muzyk
Nurse	Pielęgniarka
Pianist	Pianista
Plumber	Hydraulik
Psychologist	Psycholog
Sailor	Marynarz
Tailor	Krawiec

Professions #2
Zawody # 2

Astronaut	Astronauta
Biologist	Biolog
Dentist	Dentysta
Detective	Detektyw
Engineer	Inżynier
Farmer	Rolnik
Gardener	Ogrodnik
Illustrator	Ilustrator
Inventor	Wynalazca
Journalist	Dziennikarz
Librarian	Bibliotekarz
Linguist	Językoznawca
Painter	Malarz
Philosopher	Filozof
Photographer	Fotograf
Physician	Lekarz
Pilot	Pilot
Surgeon	Chirurg
Teacher	Nauczyciel
Zoologist	Zoolog

Psychology
Psychologia

Appointment	Spotkanie
Assessment	Ocena
Behavior	Zachowanie
Childhood	Dzieciństwo
Clinical	Kliniczny
Cognition	Poznanie
Conflict	Konflikt
Dreams	Marzenia
Ego	Ego
Emotions	Emocje
Ideas	Pomysły
Perception	Postrzeganie
Personality	Osobowość
Problem	Problem
Reality	Rzeczywistość
Sensation	Uczucie
Subconscious	Podświadomy
Therapy	Terapia
Thoughts	Myśli
Unconscious	Nieprzytomny

Restaurant #1
Restauracja # 1

Allergy	Alergia
Bowl	Miska
Bread	Chleb
Cashier	Kasjer
Chicken	Kurczak
Coffee	Kawa
Dessert	Deser
Food	Żywność
Ingredients	Składniki
Kitchen	Kuchnia
Knife	Nóż
Meat	Mięso
Menu	Menu
Napkin	Serwetka
Plate	Talerz
Reservation	Rezerwacja
Sauce	Sos
Spicy	Pikantny
To Eat	Jeść
Waitress	Kelnerka

Restaurant #2
Restauracja # 2

Appetizer	Przystawka
Beverage	Napój
Cake	Ciasto
Chair	Krzesło
Delicious	Pyszny
Dinner	Obiad
Eggs	Jaja
Fish	Ryba
Fork	Widelec
Fruit	Owoc
Ice	Lód
Noodles	Makaron
Salad	Sałatka
Salt	Sól
Soup	Zupa
Spices	Przyprawy
Spoon	Łyżka
Vegetables	Warzywa
Waiter	Kelner
Water	Woda

Science
Nauki Ścisłe

Atom	Atom
Chemical	Chemiczny
Climate	Klimat
Data	Dane
Evolution	Ewolucja
Experiment	Eksperyment
Fact	Fakt
Fossil	Skamieniałość
Gravity	Grawitacja
Hypothesis	Hipoteza
Laboratory	Laboratorium
Method	Metoda
Minerals	Minerały
Molecules	Cząsteczki
Nature	Natura
Organism	Organizm
Particles	Cząstki
Physics	Fizyka
Plants	Rośliny
Scientist	Naukowiec

Science Fiction
Fantastyka Naukowa

Atomic	Atomowy
Books	Książki
Chemicals	Chemikalia
Cinema	Kino
Dystopia	Dystopia
Explosion	Wybuch
Extreme	Skrajny
Fantastic	Fantastyczny
Fire	Ogień
Futuristic	Futurystyczny
Galaxy	Galaktyka
Illusion	Iluzja
Imaginary	Wyimaginowany
Mysterious	Tajemniczy
Oracle	Wyrocznia
Planet	Planeta
Robots	Roboty
Technology	Technologia
Utopia	Utopia
World	Świat

Scientific Disciplines
Dyscypliny Naukowe

Anatomy	Anatomia
Archaeology	Archeologia
Astronomy	Astronomia
Biochemistry	Biochemia
Biology	Biologia
Botany	Botanika
Chemistry	Chemia
Ecology	Ekologia
Geology	Geologia
Immunology	Immunologia
Kinesiology	Kinezjologia
Mechanics	Mechanika
Meteorology	Meteorologia
Mineralogy	Mineralogia
Neurology	Neurologia
Physiology	Fizjologia
Psychology	Psychologia
Sociology	Socjologia
Thermodynamics	Termodynamika
Zoology	Zoologia

Shapes
Kształty

Arc	Łuk
Circle	Koło
Cone	Stożek
Corner	Narożnik
Cube	Sześcian
Curve	Krzywa
Cylinder	Cylinder
Edges	Krawędzie
Ellipse	Elipsa
Hyperbola	Hiperbola
Line	Linia
Oval	Owal
Polygon	Wielokąt
Prism	Pryzmat
Pyramid	Piramida
Rectangle	Prostokąt
Side	Bok
Sphere	Kula
Square	Kwadrat
Triangle	Trójkąt

Spices
Przyprawy

Anise	Anyż
Bitter	Gorzki
Cardamom	Kardamon
Cinnamon	Cynamon
Clove	Goździk
Coriander	Kolendra
Cumin	Kminek
Curry	Curry
Fennel	Koper Włoski
Fenugreek	Kozieradka
Flavor	Smak
Garlic	Czosnek
Ginger	Imbir
Licorice	Lukrecja
Onion	Cebula
Paprika	Papryka
Saffron	Szafran
Salt	Sól
Sweet	Słodkie
Vanilla	Wanilia

Sport
Sport

Ability	Zdolność
Athlete	Atleta
Body	Ciało
Bones	Kości
Coach	Trener
Cycling	Kolarstwo
Dancing	Taniec
Diet	Dieta
Endurance	Wytrzymałość
Health	Zdrowie
Jogging	Jogging
Maximize	Wyolbrzymiać
Metabolic	Metaboliczne
Muscles	Mięśnie
Nutrition	Odżywianie
Program	Program
Sports	Sporty
Strength	Siła
To Breathe	Oddychać
To Swim	Pływać

The Company
Przedsiębiorstwo

Business	Biznes
Creative	Twórczy
Decision	Decyzja
Employment	Zatrudnienie
Global	Światowy
Industry	Przemysł
Innovative	Innowacyjny
Investment	Inwestycja
Possibility	Możliwość
Presentation	Prezentacja
Product	Produkt
Professional	Profesjonalny
Progress	Postęp
Quality	Jakość
Reputation	Reputacja
Resources	Zasoby
Revenue	Przychód
Risks	Ryzyka
Trends	Trendy
Units	Jednostki

The Media
Media

Advertisements	Reklamy
Attitudes	Postawy
Commercial	Komercyjne
Communication	Komunikacja
Digital	Cyfrowy
Edition	Wydanie
Education	Edukacja
Facts	Fakty
Funding	Finansowanie
Images	Obrazy
Individual	Indywidualne
Industry	Przemysł
Intellectual	Intelektualny
Local	Lokalny
Network	Sieć
Newspapers	Gazety
Online	Online
Opinion	Opinia
Public	Publiczny
Radio	Radio

Time
Czas

Annual	Roczne
Before	Przed
Calendar	Kalendarz
Century	Stulecie
Clock	Zegar
Day	Dzień
Decade	Dekada
Early	Wczesny
Future	Przyszłość
Hour	Godzina
Minute	Minuta
Month	Miesiąc
Morning	Rano
Night	Noc
Noon	Południe
Now	Teraz
Soon	Wkrótce
Today	Dzisiaj
Week	Tydzień
Year	Rok

To Fill
Do Wypełnienia

Bag	Torba
Barrel	Beczka
Basin	Basen
Basket	Kosz
Bottle	Butelka
Box	Pudełko
Bucket	Wiadro
Carton	Karton
Crate	Skrzynia
Drawer	Szuflada
Envelope	Koperta
Folder	Folder
Jar	Słoik
Packet	Pakiet
Pocket	Kieszeń
Suitcase	Walizka
Tray	Taca
Tub	Wanna
Tube	Rura
Vase	Wazon

Town
Miasto

Airport	Lotnisko
Bakery	Piekarnia
Bank	Bank
Bookstore	Księgarnia
Cinema	Kino
Clinic	Klinika
Florist	Kwiaciarz
Gallery	Galeria
Hotel	Hotel
Library	Biblioteka
Market	Rynek
Museum	Muzeum
Pharmacy	Apteka
School	Szkoła
Stadium	Stadion
Store	Sklep
Supermarket	Supermarket
Theater	Teatr
University	Uniwersytet
Zoo	Zoo

Universe
Wszechświat

Asteroid	Asteroida
Astronomer	Astronom
Astronomy	Astronomia
Atmosphere	Atmosfera
Celestial	Niebiański
Cosmic	Kosmiczny
Darkness	Ciemność
Eon	Eon
Equator	Równik
Galaxy	Galaktyka
Hemisphere	Półkula
Horizon	Horyzont
Moon	Księżyc
Orbit	Orbita
Sky	Niebo
Solar	Słoneczny
Solstice	Przesilenie
Telescope	Teleskop
Visible	Widoczny
Zodiac	Zodiak

Vacation #2
Wakacje # 2

Airport	Lotnisko
Beach	Plaża
Camping	Kemping
Foreign	Zagraniczny
Foreigner	Cudzoziemiec
Holiday	Wakacje
Hotel	Hotel
Island	Wyspa
Journey	Podróż
Leisure	Wypoczynek
Map	Mapa
Mountains	Góry
Passport	Paszport
Restaurant	Restauracja
Sea	Morze
Taxi	Taxi
Tent	Namiot
Train	Pociąg
Transportation	Transport
Visa	Wiza

Vegetables
Warzywa

Artichoke	Karczoch
Broccoli	Brokuły
Carrot	Marchewka
Cauliflower	Kalafior
Celery	Seler
Cucumber	Ogórek
Eggplant	Bakłażan
Garlic	Czosnek
Ginger	Imbir
Mushroom	Grzyb
Onion	Cebula
Parsley	Pietruszka
Pea	Groch
Pumpkin	Dynia
Radish	Rzodkiewka
Salad	Sałatka
Shallot	Szalotka
Spinach	Szpinak
Tomato	Pomidor
Turnip	Rzepa

Vehicles
Pojazdy

Airplane	Samolot
Ambulance	Ambulans
Bicycle	Rower
Boat	Łódź
Bus	Autobus
Car	Samochód
Caravan	Karawana
Ferry	Prom
Helicopter	Śmigłowiec
Motor	Silnik
Raft	Tratwa
Rocket	Rakieta
Scooter	Skuter
Submarine	Łódź Podwodna
Subway	Metro
Taxi	Taxi
Tires	Opony
Tractor	Ciągnik
Train	Pociąg
Truck	Ciężarówka

Congratulations

You made it!

We hope you enjoyed this book as much as we enjoyed making it. We do our best to make high quality games.
These puzzles are designed in a clever way for you to learn actively while having fun!

Did you love them?

A Simple Request

Our books exist thanks your reviews. Could you help us by leaving one now?

Here is a short link which will take you to your order review page:

BestBooksActivity.com/Review50

MONSTER CHALLENGE!

Challenge #1

Ready for Your Bonus Game? We use them all the time but they are not so easy to find. Here are **Synonyms**!

Note 5 words you discovered in each of the Puzzles noted below (#21, #36, #76) and try to find 2 synonyms for each word.

Note 5 Words from ***Puzzle 21***

Words	Synonym 1	Synonym 2

Note 5 Words from ***Puzzle 36***

Words	Synonym 1	Synonym 2

Note 5 Words from ***Puzzle 76***

Words	Synonym 1	Synonym 2

Challenge #2

Now that you are warmed-up, note 5 words you discovered in each Puzzle noted below (#9, #17, #25) and try to find 2 antonyms for each word. How many lines can you do in 20 minutes?

Note 5 Words from ***Puzzle 9***

Words	Antonym 1	Antonym 2

Note 5 Words from ***Puzzle 17***

Words	Antonym 1	Antonym 2

Note 5 Words from ***Puzzle 25***

Words	Antonym 1	Antonym 2

Challenge #3

Wonderful, this monster  challenge is nothing to you!

Ready for the last one? Choose your 10 favorite words discovered in any of the Puzzles and note them below.

1.	6.
2.	7.
3.	8.
4.	9.
5.	10.

Now, using these words and within a maximum of six sentences, your challenge is to compose a text about a person, animal or place that you love!

Tip: You can use the last blank page of this book as a draft!

Your Writing:

NOTEBOOK:

SEE YOU SOON!

Linguas Classics Team

www.ingramcontent.com/pod-product-compliance
Lightning Source LLC
LaVergne TN
LVHW060318080526
838202LV00053B/4364
* 9 7 8 2 3 8 5 1 1 0 4 9 9 *